W0473720

PROVENCE

ESTÉRELLE PAYANY

Photographies : Aline Princet
Stylisme : Isabelle Brouant

hachette
CUISINE

SOMMAIRE

AU BORD DE LA MER

DANS L'ARRIÈRE-PAYS

DU BOUT DES DOIGTS

QUAND LE SOLEIL BRÛLE

DESSERTS DE FÊTE

INTRODUCTION

En souvenir de la bouillabaisse borgne de ma mère et de la barbouillade de fèves de mon père.

Il n'y a pas une, mais des cuisines provençales : de Nice à Marseille, en passant par Arles, Avignon ou Aix-en-Provence, les recettes voyagent, évoluent avec les siècles et vivent leur propre vie. Des bords de la mer jusqu'aux Alpes, le climat et les ressources varient autant que les habitudes culinaires des habitants, façonnées par les traditions et les influences de ceux qu'ils ont accueillis. On sent l'Italie toute proche, mais aussi l'Algérie et la Tunisie juste en face, l'Arménie qui a importé ses délices, et la trace de toute l'activité commerciale, qui fit venir de loin la morue et les épices...

Le plus difficile a été de faire des choix dans l'immense répertoire de ces saveurs provençales, et de constater qu'elles ont presque autant de variantes que de villages, voire de familles.

Si la plupart des recettes sont techniquement assez simples, elles sont parfois longues à réaliser, et vous séduiront peut-être plus facilement le week-end. Car la cuisine provençale est une cuisine qui prend son temps : celui de voir les tomates et les grenades mûrir pour s'en réjouir quand arrive enfin leur saison, celui de réaliser des merveilles de délicatesse à partir d'ingrédients simples, voire dédaignés, celui de laisser les plats mijoter pendant que l'on s'affaire ailleurs.

Mais ce qui prend du temps n'est que meilleur à savourer et à partager...

CE QU'IL VOUS FAUT

INGRÉDIENTS DE BASE

- Huile d'olive
  Prévoir deux types d'huiles différentes : une « fruité vert » et une « fruité noir ». La fruité vert, au parfum poivré d'artichaut et d'amande, sera parfaite dans les assaisonnements et pour tout ce qui est cru.
  La « fruité noir », produite à partir d'olives très mûres, a une saveur capiteuse et profonde.
  C'est une huile traditionnelle que l'on trouve de nouveau sur le marché. Réservez-la aux plats mijotés et aux desserts.
- Thym séché
- Laurier séché
- Branches de fenouil séchées
- Clous de girofle
- Safran
- Oranges et citrons bio ou non traités
- Ail : en Provence, on dit un « grain » d'ail et non une gousse !
- Anchois à l'huile
- Câpres au sel
- Coulis de tomates
- Riz de Camargue
- Petit épeautre
- Pois chiches
- Eau de fleur d'oranger
- Fruits confits

MATÉRIEL

- Cocotte en fonte
  Si on utilisait autrefois des récipients en terre vernissée, comme la « toupine » ou la « daubière », ils sont devenus rares. Pour faire mijoter tous les plats proposés dans ce livre, une cocotte en fonte fera parfaitement l'affaire !
- Mortier, blender ou mixeur
  Si vous êtes équipé d'un mortier de marbre, vous pouvez y réaliser un aïoli, un pistou ou une rouille dans la pure tradition… et avoir mal aux bras !
  Heureusement, le blender s'y substitue désormais pour réduire en purée tous les ingrédients, autrefois longuement pilés à la force du poignet.
- Tian
  En provençal, le tian désigne une cuvette évasée de forme ovale ou ronde, en terre vernissée, d'environ 10 cm de haut et de 30 à 40 cm de large. Cette cuvette pouvait servir… à faire la vaisselle, aussi bien qu'à se laver les mains, puisqu'elle servait d'évier ! Vernissée, elle passait sans problème au four. Désormais, le tian désigne un plat à gratin en terre vernissée, rond de préférence.
- Laminoir
  Pour réaliser des raviolis ou des oreillettes, le laminoir à pâtes est franchement utile. Il permet d'étaler la pâte très finement sans avoir mal aux bras. Un gain de temps et d'espace précieux !

Et bien sûr : planche à découper, couteaux, passoire et tamis, bols, saladiers, casseroles…

TECHNIQUES

PRÉPARER DES FONDS
D'ARTICHAUTS VIOLETS

POUR 8 ARTICHAUTS
15 MIN DE PRÉPARATION

UN PEU DIFFICILE
COÛT €€

MATÉRIEL
Couteau bien aiguisé
Cuillère

1 botte d'artichauts violets (poivrade) • 1 citron

1 Cassez la tige des artichauts et conservez-en 3 à 4 cm.

2 Prenez un artichaut, retirez les 3 premières rangées de feuilles, puis coupez les feuilles au tiers de la hauteur.

3 Pelez la tige restante et le tour de l'artichaut avec le couteau pour dégager le fond. Citronnez-le pour éviter qu'il noircisse.

4 Coupez le fond d'artichaut en deux, ôtez le foin à l'aide d'une cuillère ou avec la pointe du couteau, puis coupez-le de nouveau en deux. Placez les morceaux dans un saladier rempli d'eau citronnée. Procédez de la même manière avec les autres artichauts.

PRÉPARER DES BLETTES

POUR 1 BOTTE DE BLETTES
5 MIN DE PRÉPARATION

FACILE
COÛT €

MATÉRIEL
Couteau bien aiguisé

1 botte de blettes

1 Coupez le pied de la botte de blettes si besoin. Séparez les tiges et lavez-les.

2 Séparez le blanc du vert de chaque tige à l'aide du couteau, le long des côtes blanches.

3 Coupez le blanc des blettes en morceaux en tirant les fils, comme pour la rhubarbe ou le céleri.

4 Hachez le vert au couteau.

PRÉPARER DES CALAMARS

POUR 4 CALAMARS
20 MIN DE PRÉPARATION

UN PEU DIFFICILE
COÛT €

MATÉRIEL
Couteau bien aiguisé

4 calamars

1 Prenez un premier calamar. Séparez les tentacules et le haut du corps en tirant d'un coup sec. Retirez les entrailles, sans déchirer l'encornet.

2 Tirez sur le cartilage situé à l'intérieur du corps pour le retirer. Coupez les nageoires situées le long du corps. Ôtez la peau du calamar en tirant simplement dessus.

3 Coupez les tentacules à ras, juste au-dessus des yeux.

4 Au centre des tentacules, cherchez le « bec » en appuyant avec vos doigts. Retirez-le une fois sorti. Émincez les tentacules et les nageoires.

CONSEIL
Si vous souhaitez farcir le calamar, retournez-le comme une chaussette sous un filet d'eau froide pour éviter qu'il ne glisse. Procédez de la même manière avec les autres calamars.

PRÉPARER DES RAVIOLIS

POUR 4 PERSONNES
1 H DE PRÉPARATION

UN PEU DIFFICILE
COÛT €€

MATÉRIEL
Laminoirs
Roulette
ou emporte-pièce
à raviolis

1 portion de pâte à raviolis (voir recette p. 27)

1 Séparez la pâte en 8 pâtons égaux. Passez une portion de pâte dans le laminoir, en augmentant progressivement la finesse des rouleaux. Passez-la au moins 2 fois à chaque cran, et essayez de réaliser une bande la plus rectangulaire possible. Allez jusqu'à l'épaisseur n° 5 du laminoir. Préparez une deuxième abaisse de pâte de la même façon et réservez-la.

2 Posez une première abaisse de pâte sur la planche à découper. Déposez 1 cuil. à café de farce tous les 2 cm environ.

3 Badigeonnez les bords de la pâte avec de l'eau. Recouvrez avec l'abaisse de pâte réservée. Appuyez fermement tout autour de la pâte pour bien chasser l'air, et formez les raviolis en appuyant autour de chaque noisette de farce.

4 Découpez les raviolis à l'aide de la roulette ou de l'emporte-pièce.

PRÉPARER DES COINGS

POUR 1 KG DE COINGS

1 H DE PRÉPARATION

FACILE
COÛT €

MATÉRIEL
Torchon
Casserole
ou autocuiseur

1 kg de coings

1 Nettoyez les coings à l'aide d'un torchon mouillé.

2 Faites-les cuire à l'eau bouillante pendant 1 h ou à l'autocuiseur pendant 20 min.

3 Pelez-les une fois cuits, coupez-les en deux, ôtez le cœur et les pépins.

4 Coupez-les en morceaux.

DÉCOUPER DES CALISSONS

POUR 30 CALISSONS

30 MIN DE PRÉPARATION
12 H DE REPOS
5 MIN DE CUISSON

UN PEU DIFFICILE

MATÉRIEL
Papier sulfurisé
Plateau ou lèchefrite
Rouleau à pâtisserie
Emporte-pièce à calissons

1 portion de pâte à calissons (voir recette p. 153) • Papier azyme • 1 portion de glaçage (voir recette p. 153)

1 Placez une feuille de papier sulfurisé sur un plateau ou une lèchefrite. Recouvrez-la de pâte de calisson.

2 Posez par-dessus une seconde feuille de papier sulfurisé et, avec un rouleau à pâtisserie, appuyez pour bien répartir la pâte.

3 Enlevez la feuille de papier sulfurisé et remplacez-la par une feuille azyme. Laissez sécher. Placez l'emporte-pièce sur la feuille azyme. À l'aide d'un couteau pointu, coupez le papier azyme tout autour, puis enfoncez l'emporte-pièce pour former le calisson. Passez-le tous les 2 ou 3 calissons dans un bol d'eau chaude, puis essuyez-le avant de recommencer la découpe.

4 Trempez chaque calisson dans le glaçage. Lissez-le avec le doigt, placez les calissons au fur et à mesure sur une grille et faites-les sécher 5 min au four à 120 °C (th. 4).

CHEZ MAMIE...

SOUPE AU PISTOU

POUR 4 À 6 PERSONNES

45 MIN DE PRÉPARATION
1 H 40 DE CUISSON

UN PEU DIFFICILE
COÛT €

MATÉRIEL

Cocotte
Blender (ou mortier)

400 g de haricots plats • 4 pommes de terre (environ 300 g) • 2 branches de céleri • 2 grosses tomates (environ 250 g) • 250 g de haricots coco rouges frais écossés • 250 g de haricots coco blancs frais écossés • 1 oignon piqué de 1 clou de girofle • Thym • 150 g de pâtes courtes (macaronis, coquillettes…) • Sel fin, poivre du moulin **POUR LE PISTOU :** 3 gousses d'ail • 1 botte de basilic • 4 cuil. à soupe d'huile d'olive • 100 g de fromage au choix (edam, parmesan, emmental…)

1 Coupez les haricots plats en tronçons. Pelez les pommes de terre et coupez-les en dés. Ôtez les fils du céleri et coupez-le en lamelles. Concassez les tomates.

2 Versez 3 l d'eau dans une cocotte et jetez-y les haricots coco rouges et blancs, les haricots plats, les dés de pommes de terre, le céleri, les tomates, l'oignon et un peu de thym. Portez à ébullition et laissez cuire à feu doux pendant 1 h à 1 h 30 (goûtez pour vérifier la cuisson des haricots).

3 Préparez le pistou. Réduisez l'ail en purée dans le blender (ou dans un mortier si vous voulez travailler à l'ancienne !). Ajoutez le basilic. Lorsque le mélange forme un hachis homogène, versez l'huile d'olive en filet sans cesser de mixer. Ajoutez 100 g de fromage et mixez jusqu'à l'obtention d'une pâte épaisse.

4 Avant de servir, portez la soupe à ébullition. Jetez-y les pâtes, salez, poivrez et laissez cuire une dizaine de minutes. Hors du feu, ajoutez le pistou et mélangez. Servez sans attendre.

À SAVOIR

- Certains ajoutent des carottes, d'autres un peu de potiron ou de la courgette… pourquoi pas ? La tomate est uniquement ajoutée dans la région de Marseille, mais elle donne une jolie couleur à la préparation.
- Pour le fromage, on met du gorgonzola à Hyères, un mélange de parmesan et d'emmental à Marseille et, dans les terres, on privilégie souvent le « fromage rouge » (qui désigne l'edam).

AÏGO BOULIDO

POUR 4 PERSONNES

5 MIN DE PRÉPARATION
15 MIN DE CUISSON

FACILE
COÛT €

MATÉRIEL

Chinois

6 gousses d'ail • 12 belles feuilles de sauge • 1 feuille de laurier séché • 1 cuil. à café de gros sel • 4 tranches de pain grillé • Huile d'olive

1 Écrasez les gousses d'ail munies de leur peau à l'aide du plat d'un couteau. Portez à ébullition 1 l d'eau, l'ail, la sauge, le laurier et le gros sel.

2 Baissez le feu et laissez frémir pendant 15 min. Filtrez le bouillon.

3 Posez le pain grillé au fond des assiettes et versez l'aïgo boulido par-dessus. Ajoutez un trait d'huile d'olive et dégustez.

À SAVOIR
Voici la version « light » et originelle de l'*aïgo boulido*, à intention « thérapeutique ». Quand on n'est pas patraque, on peut saupoudrer, au moment de servir, chaque assiette de fromage râpé qui fond à la chaleur. Certains versent le bouillon brûlant sur 4 jaunes d'œufs battus afin de « lier » la soupe et de la rendre crémeuse.

DAUBE DE BŒUF

POUR 6 PERSONNES

30 MIN DE PRÉPARATION
1 NUIT DE REPOS
5 H 10 DE CUISSON

FACILE
COÛT €€

MATÉRIEL

Cocotte en fonte (ou autocuiseur)

200 g de lard fumé • 2 kg de bœuf à braiser coupé en gros cubes d'environ 5 cm de côté : macreuse, jumeau, gîte (appelé « galinette » en Provence), collier... • 4 gousses d'ail • 2 clous de girofle • 1 bouquet garni (laurier, thym, persil) • 1 bouteille de vin rouge corsé • 2 oignons • 4 belles carottes • 4 cuil. à soupe d'huile d'olive • Le zeste de 1 orange bio ou non traitée • Sel fin, poivre du moulin

1 La veille, coupez le lard en bâtonnets. Dans un plat creux, mélangez la viande, le lard, les gousses d'ail en chemise, les clous de girofle, le bouquet garni et le vin. Couvrez et laissez mariner toute une nuit au réfrigérateur.

2 Le jour même, pelez et hachez les oignons. Pelez les carottes et coupez-les en rondelles. Faites chauffer 2 cuil. à soupe d'huile d'olive et faites-y dorer la viande et les lardons égouttés de la marinade. Lorsque les morceaux sont bien dorés, ajoutez les oignons et les carottes. Faites-les rissoler une dizaine de minutes, puis ajoutez la marinade. Ajoutez enfin le zeste de l'orange en un long ruban et 30 cl d'eau. Portez à ébullition.

3 Lorsque la préparation bouillonne, baissez le feu et laissez mijoter pendant environ 5 h à feu très doux en remuant de temps à autre (si vous êtes pressé, vous pouvez également faire cuire cette daube pendant 1 h 30 à l'autocuiseur). Goûtez et assaisonnez si nécessaire. Servez avec des tagliatelles fraîches ou une macaronade (voir p. 30).

ASTUCES

Pas de farine dans la daube pour lier la sauce, qui doit rester assez liquide : c'était la couenne de porc qui revêtait la daubière qui lui donnait sa consistance. Si vous souhaitez une sauce plus épaisse, retirez la viande et faites réduire le jus à feu doux. Mon petit secret ? Y ajouter deux carrés de chocolat noir à 70 % de cacao pour une texture veloutée et un petit goût insoupçonnable !

RAVIOLIS À LA DAUBE

POUR 4 PERSONNES

1 H 30 DE PRÉPARATION
1 H DE REPOS
10 MIN DE CUISSON

UN PEU DIFFICILE
COÛT €€

MATÉRIEL

Robot (facultatif)
Film alimentaire
Machine à pâte ou laminoir
Roulette à découper cannelée ou emporte-pièce à raviolis

POUR LA PÂTE : 300 g de farine (T45) • 3 gros œufs (bio ou issus de poules élevées en plein air) • 1 cuil. à soupe d'huile d'olive • ½ cuil. à café de sel
POUR LA FARCE : 400 g de restes de daube (viande, légumes et sauce mélangés)

1 Préparez la pâte : mélangez la farine et le sel. Creusez un puits, versez les œufs et l'huile d'olive. Pétrissez la pâte pendant 5 à 10 min (vous pouvez utiliser un robot) jusqu'à ce qu'elle soit lisse. Enveloppez-la de film alimentaire et laissez-la reposer 1 h.

2 Hachez les restes de daube au couteau.

3 Préparez les raviolis en suivant le pas à pas (voir p. 17). Au fur et à mesure qu'ils sont prêts, disposez-les sur un plateau recouvert d'un torchon, puis placez-les au réfrigérateur jusqu'à utilisation. Vous pouvez les préparer jusqu'à 24 h à l'avance.

4 Faites bouillir une grande quantité d'eau salée (6 à 7 l). Plongez-y les raviolis, mélangez et laissez cuire 6 min environ. Goûtez pour vérifier la cuisson. Servez arrosé d'un peu de sauce de daube.

À SAVOIR

Ces raviolis peuvent se congeler crus, à plat, par exemple posés sur un plateau.

MACARONADE

POUR 4 PERSONNES

10 MIN DE PRÉPARATION
15 MIN DE CUISSON

FACILE
COÛT €

MATÉRIEL

Tian (plat à gratin)

250 g de macaronis • 30 cl de sauce de bœuf en daube (avec des petits morceaux de viande et de légumes) • 100 g d'emmental râpé • Beurre • Gros sel

1 Faites cuire les macaronis pendant 5 min à l'eau bouillante salée avec du gros sel : ils doivent rester al dente. Égouttez-les. Préchauffez le four à 200 °C (th. 6-7).

2 Dans un plat à gratin beurré, mélangez les macaronis et la sauce de la daube. Saupoudrez du fromage râpé. Enfournez pour 10 à 15 min, jusqu'à ce que la macaronade soit bien dorée. Si nécessaire, utilisez le gril.

3 Servez soit avec la daube, soit en plat léger, avec une salade.

ASTUCE

Lorsque vous préparez de la daube, congelez un peu de sauce. Ainsi, vous aurez toujours de quoi cuisiner ce plat !

ALOUETTES SANS TÊTE

POUR 6 PERSONNES

30 MIN DE PRÉPARATION
1 H 40 DE CUISSON

DIFFICILE
COÛT €€

MATÉRIEL

Cocotte en fonte

300 g de poitrine de porc fumée en 4 tranches épaisses • 4 gousses d'ail • 1 bouquet de persil • 800 g de paleron ou de rond-de-veine de bœuf coupé en fines tranches aplaties par le boucher, soit environ 20 tranches • 1 gros oignon • 1 carotte • 2 cuil. à soupe d'huile d'olive • 40 cl de coulis de tomates • 20 cl de vin rouge ou blanc • 1 bouquet garni (laurier, thym, romarin) • Sel, poivre du moulin

1 Coupez la poitrine de porc en une vingtaine de lardons d'environ 1 à 1,5 cm. Hachez finement au couteau 3 gousses d'ail avec le persil et mélangez cette persillade avec les lardons. Posez une tranche de bœuf sur une planche à découper, poivrez-la. Placez en bas de la tranche de viande un morceau de poitrine assaisonnée. Faites une incision de 3 cm en haut de la tranche de viande, comme une boutonnière. Roulez la viande sur le lardon et passez la paupiette dans la boutonnière pour la fermer.

2 Recommencez avec toutes les tranches de viande jusqu'à obtenir une vingtaine de paupiettes. Si vous n'arrivez pas à les plier en utilisant la technique de la boutonnière, vous pouvez utiliser de la ficelle de cuisine ou des piques en bois.

3 Pelez l'oignon et la carotte, coupez-les en rondelles. Faites-les dorer dans la cocotte avec 2 cuil. à soupe d'huile d'olive. Ajoutez délicatement les paupiettes et faites-les dorer 10 min de tous les côtés. Ajoutez les lardons s'il vous en reste.

4 Versez le coulis de tomates, le vin et 20 cl d'eau, puis ajoutez la gousse d'ail restante et le bouquet garni. Salez (pas trop), poivrez et portez à ébullition. Lorsque la préparation bouillonne, baissez le feu et laissez cuire environ 1 h 30 à feu très doux en remuant de temps à autre. Rectifiez l'assaisonnement si nécessaire. Servez avec des pâtes.

CONSEIL

Certains ajoutent des champignons de Paris ou un peu de cèpes séchés, d'autres une branche de céleri hachée ou même un zeste d'orange, comme dans la daube. À vous de faire selon votre inspiration… et le contenu de votre placard !

BROUFADE

POUR 6 PERSONNES

30 MIN DE PRÉPARATION
AU MOINS 3 H DE REPOS
3 H DE CUISSON

FACILE
COÛT €€

MATÉRIEL

Un bon couteau
Hachoir
Cocotte en fonte

1 kg de paleron ou de gîte de bœuf • 4 gousses d'ail • 4 cuil. à soupe d'huile d'olive • 1 feuille de laurier séché • 2 clous de girofle • 2 branches de thym • 60 g de câpres au sel ou au vinaigre • 4 filets d'anchois à l'huile d'olive • 1 cuil. à soupe bombée de farine • 3 cuil. à soupe de vinaigre de vin rouge • 400 g d'oignons • Sel, poivre du moulin

1 La veille, coupez le bœuf en lamelles assez fines. Épluchez, dégermez et hachez grossièrement les gousses d'ail. Dans un grand plat, disposez le bœuf en une seule couche. Ajoutez l'huile, l'ail, le laurier émietté, les clous de girofle et le thym. Poivrez généreusement, mélangez soigneusement et laissez mariner de 3 h à toute une nuit.

2 Le jour même, rincez longuement les câpres. Hachez-les avec les anchois. Mélangez avec la farine et le vinaigre, puis ajoutez cette préparation à la viande marinée.

3 Pelez les oignons et coupez-les en fines rondelles. Dans la cocotte, disposez une couche d'oignons, recouvrez de viande. Recommencez jusqu'à épuisement des ingrédients. Versez 1 verre d'eau et placez à feu vif.

4 Lorsque la préparation bouillonne, baissez le feu et laissez cuire environ 3 h à feu très doux en remuant de temps à autre. Rectifiez l'assaisonnement si nécessaire. La broufade se sert avec du riz, des pommes de terre, des carottes et des tomates cuites.

CONSEIL

Comme la broufade contient déjà des ingrédients riches en sel (anchois, câpres), goûtez-la avant d'en ajouter !

DAUBE D'AGNEAU D'AVIGNON

POUR 6 PERSONNES

30 MIN DE PRÉPARATION
1 NUIT DE REPOS
2 H 30 DE CUISSON

FACILE
COÛT €€

MATÉRIEL

Cocotte en fonte

200 g de lard fumé • 2 oignons • 2 belles carottes • 1 gigot (ou 1 épaule d'agneau) désossé, coupé en gros dés, et l'os à part • 5 gousses d'ail • Noix muscade • 1 bouquet garni (laurier, thym, persil) • 1 bouteille de vin blanc • Le zeste de 1 orange bio ou non traitée • Sel, poivre du moulin

1 La veille, coupez le lard en bâtonnets. Pelez et émincez les oignons. Pelez les carottes et coupez-les en rondelles. Dans la cocotte, mélangez la viande, l'os, le lard, les oignons, les carottes, les gousses d'ail en chemise, un peu de noix muscade râpée et le bouquet garni. Recouvrez de vin. Couvrez et laissez mariner 1 nuit au réfrigérateur.

2 Le jour même, prélevez le zeste de l'orange. Ajoutez-le à la cocotte et placez celle-ci sur le feu. Portez à ébullition.

3 Lorsque la préparation bouillonne, baissez le feu et laissez mijoter environ 2 h 30 à feu très doux, en remuant de temps à autre. Rectifiez l'assaisonnement si nécessaire.

CONSEIL

Vous pouvez également faire cuire cette daube au four pendant 3 h à 150 °C (th. 5), après avoir démarré la cuisson sur le feu en portant la viande à ébullition.

CANNELLONIS À LA BROUSSE ET AUX ÉPINARDS

POUR 4 PERSONNES

30 MIN DE PRÉPARATION
55 MIN DE CUISSON

FACILE
COÛT €

MATÉRIEL

Tian (plat à gratin)

500 g d'épinards crus • 2 oignons • 2 gousses d'ail • 10 brins de persil • 15 feuilles de basilic frais • 250 g de brousse du Rove • Thym • 1 gros œuf (bio ou issu de poule élevée en plein air) • 40 cl de coulis de tomates • 5 cl de vin blanc • 1 morceau de sucre • 1 feuille de laurier séché • Huile d'olive • 12 cannellonis crus • Sel, poivre du moulin

1 Lavez et triez les épinards. Hachez-les finement au couteau. Pelez les oignons, émincez-les finement. Pelez 1 gousse d'ail, hachez-la finement avec le persil et le basilic.

2 Préparez la farce. Faites dorer la moitié de l'oignon dans 1 cuil. à soupe d'huile d'olive. Ajoutez les épinards et faites-les cuire pendant 5 à 10 min, jusqu'à ce qu'ils aient rendu toute leur eau. Égouttez-les et pressez-les pour retirer le maximum d'eau. Mélangez les épinards, le persil, le basilic, l'ail haché et la brousse. Salez, poivrez, ajoutez un peu de thym ainsi que l'œuf et mélangez.

3 Préparez le coulis. Faites revenir l'oignon restant dans un peu d'huile d'olive. Versez le coulis de tomates, ajoutez la gousse d'ail restante en chemise, le vin blanc, le morceau de sucre, la feuille de laurier, salez, poivrez et laissez mijoter pendant 15 min.

4 Préchauffez le four à 180 °C (th. 6). Remplissez les cannellonis de farce et placez-les dans le tian. Recouvrez-les de coulis de tomates et enfournez pour 30 min.

CONSEILS
Si vous êtes pressé, vous pouvez aussi réaliser cette recette sous forme de lasagnes. Vous pouvez également saupoudrer le plat de fromage râpé (edam, brebis, emmental, parmesan...) pour un rendu plus gratiné.

BARBOUILLADE DE FÈVES

POUR 4 PERSONNES

30 MIN DE PRÉPARATION
10 MIN DE CUISSON

FACILE
COÛT €

MATÉRIEL

Cocotte en fonte

1,5 kg de fèves fraîches • 3 oignons nouveaux • 150 g de poitrine de porc fumée • 1 petite laitue • 1 cuil. à soupe d'huile d'olive • 1 gousse d'ail • 3 branches de sarriette (à défaut, du thym frais) • 5 cl de bouillon de volaille ou d'eau • 1 morceau de sucre • Sel, poivre du moulin

1 Écossez les fèves. Plongez-les 1 min dans de l'eau bouillante salée, puis dans un saladier rempli d'eau glacée. Pelez-les délicatement et réservez-les.

2 Pelez et émincez finement les oignons. Coupez la poitrine de porc en petits lardons. Conservez la couenne à part. Lavez la laitue et hachez-la en chiffonnade.

3 Dans la cocotte, faites blondir les oignons dans 1 cuil. à soupe d'huile d'olive. Ajoutez la poitrine fumée, la laitue et la couenne, mélangez. Ajoutez les fèves, l'ail en chemise, la sarriette, le bouillon ou l'eau, le sucre, poivrez légèrement. Couvrez et laissez frissonner 5 min.

4 Ouvrez la cocotte. Laissez cuire à découvert pendant 3 min pour que l'eau de cuisson excédentaire s'évapore si besoin (cela varie selon le degré de maturité des légumes). Rectifiez l'assaisonnement si nécessaire. Ôtez la couenne avant de servir.

À SAVOIR

Hors saison, vous pouvez utiliser des fèves surgelées. Avantage immense : elles sont déjà pelées ! Vous pouvez aussi ajouter 4 cœurs d'artichauts finement émincés à cette *barbouïado.*

BOUILLABAISSE BORGNE

POUR 4 PERSONNES

30 MIN DE PRÉPARATION
35 MIN DE CUISSON

FACILE
COÛT €

MATÉRIEL

Cocotte en fonte

1 poireau • 1 gros oignon paille • 2 gousses d'ail • 3 belles tomates bien mûres ou 20 cl de coulis de tomates • 1 orange bio ou non traitée • 1 kg de pommes de terre à chair ferme • 2 cuil. à soupe d'huile d'olive • 10 cl de vin blanc • 4 gros œufs (bio ou issus de poules élevées en plein air) • 1 feuille de laurier séché • Quelques branches de fenouil séché • 1 dose de safran • 4 tranches de pain de campagne • Sel, poivre du moulin

1 Nettoyez soigneusement le poireau et émincez-le finement. Pelez l'oignon et coupez-le en lamelles. Pelez et émincez les gousses d'ail. Ôtez le pédoncule des tomates et hachez-les grossièrement au couteau. Prélevez le zeste de l'orange. Épluchez les pommes de terre et coupez-les en lamelles.

2 Faites chauffer l'huile d'olive dans une cocotte. Faites-y dorer le poireau et l'oignon. Ajoutez l'ail haché, les tomates, le vin blanc, le laurier, le fenouil et le zeste d'orange. Salez et poivrez. Ajoutez les pommes de terre et versez 1 l à 1,5 l d'eau chaude : les pommes de terre doivent être recouvertes. Faites cuire à frémissement pendant 20 à 25 min, jusqu'à ce que les pommes de terre soient fondantes.

3 Ajoutez le safran au bouillon. Cassez les œufs un par un dans une tasse, et faites-les délicatement pocher à la surface du bouillon : comptez 2 à 3 min de cuisson pour que le jaune reste coulant.

4 Placez le pain de campagne au fond de 4 assiettes creuses. Prélevez le bouillon et versez-en 1 à 2 louches par convive sur le pain : mangez-le en guise d'entrée. Servez ensuite les pommes de terre accompagnées de leurs œufs pochés, assaisonnées directement dans l'assiette d'un peu de sel et d'huile d'olive.

À SAVOIR

Pour pocher les œufs sans difficulté, mieux vaut peu saler cette soupe. En effet, le sel nuit à la bonne coagulation du blanc d'œuf.

ARTICHAUTS EN BARIGOULE

POUR 4 PERSONNES

30 MIN DE PRÉPARATION
1 H 15 DE CUISSON

UN PEU DIFFICILE
COÛT €

MATÉRIEL

Cocotte en fonte

1 carotte • 1 oignon • 2 cuil. à soupe d'huile d'olive • 100 g de poitrine de porc fumée (petit salé • 1,5 kg de petits artichauts poivrade • 10 cl de vin blanc • 2 gousses d'ail • 2 branches de thym • 1 feuille de laurier séché • 1 citron (pour éviter que les artichauts noircissent) • 10 branches de persil • Sel, poivre du moulin

1 Épluchez la carotte et l'oignon. Coupez-les en fines rondelles. Préparez les artichauts (voir pas à pas p. 14).

2 Faites chauffer l'huile d'olive dans la cocotte et faites-y blondir la carotte et l'oignon. Ajoutez la poitrine de porc coupée en lardons, faites-les bien revenir, puis ajoutez les artichauts, le vin blanc, 10 cl d'eau, 1 gousse d'ail en chemise, le thym et le laurier. Salez et poivrez.

3 Portez à ébullition, puis couvrez et laissez mijoter à feu doux pendant 1 h à 1 h 15, selon l'état de fraîcheur et la taille des artichauts.

4 Pelez la gousse d'ail restante, hachez-la avec le persil, ajoutez aux artichauts hors du feu et mélangez. Servez immédiatement.

PIEDS PAQUETS

POUR 6 À 8 PERSONNES

1 H 30 DE PRÉPARATION
6 H 30 DE CUISSON

DIFFICILE
COÛT €

MATÉRIEL

Hachoir
Ciseaux de cuisine
Cocotte en fonte
Écumoire

5 gousses d'ail • 1 bouquet de persil • 300 g de poitrine de porc crue hachée • 300 g de poitrine de porc fumée (petit salé) hachée • 5 tripes d'agneau bien nettoyées • 10 pieds d'agneau fendus en deux et blanchis • 2 poireaux • 4 carottes • 2 oignons • 2 clous de girofle • 600 g de tomates fraîches ou 50 cl de coulis • 10 cl de cognac • 1 bouquet garni (thym, laurier, romarin) • 1 petit piment oiseau • 50 cl de vin blanc sec • 1,5 l de bouillon de légumes • Huile d'olive • Sel, poivre du moulin

1 Préparez la farce. Pelez et hachez finement l'ail avec les feuilles de persil. Ajoutez la poitrine de porc crue, 200 g de poitrine de porc fumée, poivrez. Coupez les tripes en morceaux triangulaires de 8 à 10 cm de côté, à l'aide des ciseaux. Hachez les chutes de tripes et ajoutez-les à la farce.

2 À l'aide d'un couteau bien aiguisé, pratiquez une incision d'environ 2 cm en haut à droite de chaque triangle. Posez en bas de chaque triangle 2 cuil. à café de farce, pliez les côtés pour l'emprisonner, roulez le triangle et fermez-le en le faisant passer dans l'incision, comme une boutonnière.

3 Lavez soigneusement et hachez les poireaux. Épluchez les carottes et les oignons. Émincez les carottes et 1 oignon. Piquez l'autre oignon avec les clous de girofle. Épépinez les tomates et coupez-les en morceaux. Coupez les 100 g de petit salé restant en dés. Faites chauffer la cocotte, placez-y les pieds, versez le cognac et faites flamber. Une fois que les flammes sont éteintes, ajoutez 2 cuil. à soupe d'huile d'olive et faites blondir les poireaux, les carottes, l'oignon et le petit salé. Ajoutez les tomates, le bouquet garni, l'oignon piqué aux clous de girofle, le piment, le vin blanc et le bouillon. Portez à ébullition pendant 5 min, puis ajoutez les paquets dans la cocotte. Fermez et laissez mijoter 5 à 6 h à feu très doux, en surveillant le niveau de liquide. Si nécessaire, ajoutez un peu d'eau en cours de cuisson.

4 Préchauffez le four à 210 °C (th. 7). Prélevez à l'écumoire les paquets et les pieds. Placez-les dans un plat allant au four et faites-les légèrement griller pendant 30 min. Pendant ce temps, filtrez la sauce et faites-la réduire d'un tiers à feu moyen. Servez avec des pommes de terre vapeur.

VARIANTE

On peut ajouter à la sauce le zeste en ruban de ½ orange non traitée. Si vous êtes pressé de passer à table, il n'est pas indispensable de passer les pieds paquets au four, mais cela permet de leur donner un peu de croustillant pendant que la sauce réduit : une astuce chipée à la chef Reine Sammut (voir bibliographie p. 160).

ASTUCE

Les pieds paquets ont tendance à attacher au fond de la cocotte en fin de cuisson. Les grands-mères mettaient une assiette à l'envers au fond de la cocotte pour éviter ce problème : ça marche !

TOURTE DE BLETTES

POUR 6 À 8 PERSONNES

1 H DE PRÉPARATION
2 H DE REPOS
1 H 10 DE CUISSON

UN PEU DIFFICILE
COÛT €

MATÉRIEL

Torchons
Fouet
Moule carré de 20 × 20 cm ou petit plat allant au four

POUR LA PÂTE : 250 g de farine • 100 g de sucre • 1 cuil. à café de levure chimique • 1 pincée de sel • Le zeste de 1 citron bio ou non traité • 1 œuf (bio ou issu de poule élevée en plein air) • 10 cl d'huile d'olive douce **POUR LA GARNITURE :** 2 bottes de blettes • 2 belles poires mûres • 2 cuil. à soupe de pastis • 60 g de raisins secs • 1 œuf (bio ou issu de poule élevée en plein air) • 40 g de parmesan râpé • 80 g de sucre • 60 g de pignons de pin • 1 cuil. à soupe d'huile d'olive

1 Mélangez dans un saladier la farine, le sucre, la levure chimique, le sel et le zeste de citron râpé. Creusez un puits, ajoutez l'œuf, l'huile et 5 cl d'eau. Pétrissez la pâte en ajoutant peu à peu 5 cl d'eau. Pétrissez jusqu'à obtenir une boule de pâte de la consistance d'une pâte sablée, assez friable mais relativement ferme. Recouvrez d'un torchon et laissez reposer pendant 2 h.

2 Lavez et séparez le vert des côtes blanches des blettes (voir pas à pas p. 14-15). Hachez-les finement. Placez-les dans une passoire, saupoudrez-les d'une demi-cuillère à café de sel et laissez-les dégorger pendant 2 h. Pelez les poires, épépinez-les et coupez-les en morceaux. Faites-les cuire 30 min à feu très doux avec 2 cuil. à soupe d'eau, puis écrasez-les à la fourchette. Faites tiédir le pastis et plongez-y les raisins secs pour les faire gonfler.

3 Préchauffez le four à 180 °C (th. 6). Rincez longuement les blettes pour les dessaler et séchez-les dans un torchon. Battez l'œuf avec le parmesan, le sucre, la compote de poires, les raisins secs, les pignons, l'huile d'olive et les blettes.

4 Huilez légèrement le moule. Étalez-y les deux tiers de la pâte. Recouvrez de la farce aux blettes. Recouvrez la tarte de la pâte restante. Pincez bien les bords pour la fermer. Entaillez le couvercle de pâte de quelques coups de ciseaux pour permettre à la vapeur de s'échapper.

5 Enfournez et laissez cuire 40 min. Le dessus de la pâte doit être juste blond. Laissez tiédir, puis saupoudrez de sucre glace et coupez en carrés.

À SAVOIR

Les petites blettes niçoises ont des côtes moins larges que les blettes que l'on trouve partout en France, dites blettes lyonnaises. Il faudra faire avec...

MOUNA

POUR 6 PERSONNES

30 MIN DE PRÉPARATION
3 H 45 DE REPOS
50 MIN DE CUISSON

UN PEU DIFFICILE
COÛT €

MATÉRIEL

Torchon
ou film alimentaire
Robot pétrisseur
ou machine à pain
Moule à brioche
Papier d'aluminium
(facultatif)

POUR LE LEVAIN : 10 g de levure de boulanger déshydratée (ou 15 g de levure fraîche) • 7,5 cl d'eau tiède • 50 g de farine **POUR LA PÂTE :** 2 cuil. à café de graines d'anis • 500 g de farine • 150 g de sucre • 5 g de sel fin (1 cuil. à café rase) • 2 œufs • 6 cl d'huile de tournesol ou d'arachide • Le zeste de 1 orange bio ou non traitée • 2 cuil. à soupe de rhum • 2 cuil. à soupe d'eau de fleur d'oranger **POUR LA DÉCORATION :** 1 jaune d'œuf • Sucre casson (sucre en gros grains)

1 Faites dissoudre la levure dans l'eau tiède (pas plus de 40 °C). Ajoutez la farine et mélangez. Couvrez d'un torchon ou d'un film alimentaire et laissez reposer 1 h : le mélange doit faire des bulles. Pendant ce temps, faites infuser les graines d'anis dans 10 cl d'eau bouillante pendant 5 min.

2 Mélangez la farine, le sucre et le sel. Creusez un puits. Dans un saladier à part, battez les œufs avec l'huile, le zeste d'orange, le rhum, l'eau de fleur d'oranger et l'infusion d'anis. Versez cette préparation dans la farine et mélangez. Pétrissez la pâte pendant 10 min, avec vos mains, un robot ou une machine à pain. Couvrez d'un torchon et laissez la pâte lever pendant 1 h 30 à 2 h : elle doit avoir doublé de volume.

3 Enfoncez votre poing dans la pâte pour en chasser l'air et pétrissez-la pendant 1 ou 2 min. Beurrez un grand moule à brioche. Déposez-y la pâte. Couvrez et laissez lever pendant encore 45 min.

4 Préchauffez le four à 180 °C (th. 6). À l'aide d'un couteau, fendez le dessus de la mouna en formant une croix. Badigeonnez de jaune d'œuf et saupoudrez de sucre casson. Enfournez pour 45 min. Si elle dore trop vite, couvrez la brioche de papier d'aluminium. La mouna se conserve 4 à 5 jours emballée dans un sac en papier, en bas du réfrigérateur.

CONSEIL

Vous pouvez remplacer l'infusion d'anis par 2 cl d'anisette diluée dans 8 cl d'eau.

TRANCHES DORÉES

POUR 6 PERSONNES

10 MIN DE PRÉPARATION
10 MIN DE CUISSON

UN PEU DIFFICILE
COÛT €

MATÉRIEL

Batteur électrique
Lèchefrite

1 blanc d'œuf (bio ou issu de poule élevée en plein air) • 1 pincée de sel • Le jus de 1/4 de citron • 150 g de sucre glace • 6 grandes tranches de brioche rassise (brioche nature, mouna, brioche des rois...) de 1 cm d'épaisseur

1 Préchauffez le four à 180 °C (th. 6). Fouettez le blanc d'œuf avec le sel et le jus de citron jusqu'à ce qu'il soit mousseux. Ajoutez progressivement le sucre glace sans cesser de fouetter, jusqu'à l'obtention d'une meringue brillante.

2 Étalez-la en couche fine sur les tranches de brioche.

3 Posez les tranches sur une lèchefrite et passez-les au four pendant 10 min en surveillant attentivement : la meringue doit blondir et non brûler. Laissez refroidir, puis dégustez.

VARIANTE

On peut utiliser de la même manière des croissants ou des pains au chocolat rassis.

AU BORD DE LA MER

BOUILLABAISSE

POUR 8 PERSONNES

1 H 30 DE PRÉPARATION
1 H DE CUISSON

UN PEU DIFFICILE
COÛT €€€

MATÉRIEL

Grande cocotte
Moulin à légumes
Chinois
Écumoire

POUR LA SOUPE DE POISSONS : 1 kg de poissons de roche mélangés : girelles, serrans, scorpènes... • 1 tête ou 1 queue de congre • 200 g de petits crabes verts (favouilles) ou de cigales de mer • 2 oignons • 1 poireau • 500 g de tomates Roma • 2 gousses d'ail • 1 bouquet garni (laurier, fenouil, persil) • 1 anis étoilé • Le zeste de ½ orange bio ou non traitée • Huile d'olive • Sel, poivre du moulin **POUR LA BOUILLABAISSE :** 3 kg de poissons variés : rascasse, vive, chapon, denti, rouget, grondin, saint-pierre, tranches de congre, queue de lotte... jamais de poisson bleu ! • 1,4 kg de pommes de terre BF15 • 3 doses de safran **POUR LA ROUILLE :** 40 g de mie de pain rassis • 3 gousses d'ail • 2 piments oiseaux frais • 25 cl d'huile d'olive • Sel, poivre blanc **POUR SERVIR :** Croûtons de pain grillé • Fromage râpé

1 Écaillez et videz tous les poissons, aussi bien ceux de la soupe que ceux de la bouillabaisse. Rincez les crabes ou les cigales. Épluchez et émincez les oignons. Fendez et lavez soigneusement le poireau, coupez-le finement. Épépinez les tomates, coupez-les en dés.

2 Préparez la soupe de poisson. Faites chauffer 2 cuil. à soupe d'huile d'olive dans la cocotte. Faites-y dorer l'oignon, le poireau, l'ail écrasé et les tomates. Ajoutez les crabes ou les cigales de mer, les poissons de roche, le bouquet garni, l'anis et le zeste d'orange.

3 Faites rissoler 10 min, puis ajoutez 4 l d'eau chaude, salez et poivrez, couvrez et laissez mijoter pendant 30 min. Passez la soupe au moulin à légumes afin d'écraser toutes les chairs et de tirer tous les sucs, puis filtrez-la au chinois. Goûtez-la, rectifiez l'assaisonnement si nécessaire.

4 Épluchez les pommes de terre. Coupez-les en fines lamelles. Versez la soupe dans la cocotte nettoyée, portez à ébullition et ajoutez le safran. Plongez-y les pommes de terre et les poissons à chair dense, plus longs à cuire (congre, lotte, rascasse...) et laissez cuire pendant 10 min à frémissement. Ajoutez alors les poissons à chair plus fragile (saint-pierre, vive...) et laissez encore cuire 10 min.

VARIANTES

- La rouille est souvent réalisée sur la base d'une sauce aïoli (voir p. 62) agrémentée de piments et d'un peu de paprika. La version à la mie de pain est plus difficile à réussir. On peut aussi y ajouter quelques langues d'oursins pour la parfumer plus délicatement. Parfois, on tartine sur les croûtons des foies de rouget ou de lotte : à vous d'essayer !
- La bouillabaisse est un plat de pêcheurs qui a une multitude de variantes tout au long de la côte et qui change aussi selon les saisons. Ainsi, le bouillon peut comporter des petits calamars, comme à Martigues, des anguilles et de la sole à Nîmes, voire être fait uniquement de rougets, et même comporter de la morue.

5 Pendant ce temps, préparez la rouille. Humidifiez le pain avec 1 petite louche de bouillon, puis essorez-le entre vos mains. Pelez l'ail et réduisez-le en purée. Épépinez les piments avec des gants et hachez-les très finement. Mélangez l'ail, le piment, 2 pincées de sel et 1 cuil. à soupe d'huile d'olive, puis ajoutez 1 cuil. à soupe de pain. Émulsionnez avec le reste de l'huile d'olive en filet pour monter la sauce, en ajoutant de temps à autre un peu de pain pour qu'elle soit bien liée.

6 À l'aide d'une écumoire, prélevez les poissons et posez-les dans un plat de service chauffé. Faites de même avec les pommes de terre.

7 Servez la soupe avec des croûtons tartinés de rouille, puis proposez les poissons avec les pommes de terre tièdes.

- Les pommes de terre sont fréquentes à Toulon et peu communes à Marseille : vous pouvez choisir de ne proposer que la soupe, le poisson poché et la rouille.
- À Toulon, le revesset est une forme bien spéciale de bouillabaisse : vert de blettes, épinards et oseille sont cuits avec des anchois, des sévereaux et des sardines, puis servis en bouillon sur des tranches de pain nappées d'huile d'olive.
- Enfin, il existe aussi des bouillabaisses... sans poisson ! Bien sûr, la bouillabaisse borgne (voir p. 46), mais aussi celle d'escargots, de petits pois ou « de printemps » à base d'épinards, d'artichauts, d'oseille et de petits pois. Les légumes sont cuits dans le même fond de sauce qu'une bouillabaisse, et un œuf est poché dans le bouillon pour remplacer le poisson : original et très savoureux.

BOURRIDE

POUR 6 PERSONNES

30 MIN DE PRÉPARATION
30 MIN DE CUISSON

UN PEU DIFFICILE
COÛT €€€

MATÉRIEL

Cocotte
Écumoire
Mixeur
Batteur électrique (facultatif)

2,5 kg de poissons blancs : lotte (dite baudroie en Provence), bar (dit loup), dorade, mulet, merlan… vidés et coupés en darnes • 1 poireau • 1 oignon • 1 carotte • 1 orange bio ou non traitée • 10 cl de vin blanc • 2 feuilles de laurier séché • 5 branches de fenouil séché • 4 brins de thym • 6 belles pommes de terre à chair ferme • 6 tranches de pain de campagne • Sel, poivre du moulin **POUR LA SAUCE AÏOLI :** 6 à 8 gousses d'ail • 2 jaunes d'œufs bien frais (bio ou issus de poules élevées en plein air) • 60 cl d'huile d'olive • Le jus de ½ citron • Sel, poivre du moulin

1 Lavez soigneusement le poireau et émincez-le. Épluchez et émincez l'oignon et la carotte. Prélevez la moitié du zeste de l'orange. Faites dorer dans une cocotte le poireau, l'oignon et la carotte. Ajoutez le vin, le zeste d'orange, le laurier, le fenouil et le thym. Salez et poivrez. Versez 2 l d'eau chaude, puis plongez les poissons dans ce court-bouillon. Laissez frémir pendant 10 min.

2 Épluchez les pommes de terre, coupez-les en lamelles. Ôtez les poissons du court-bouillon à l'aide d'une écumoire, réservez-les dans un grand plat. Faites pocher les pommes de terre dans le bouillon pendant 20 min.

3 Pendant ce temps, préparez l'aïoli. Épluchez les gousses d'ail et dégermez-les. Mixez-les finement pour obtenir une pâte. Mélangez les jaunes d'œufs et la purée d'ail, salez légèrement, puis ajoutez l'huile d'olive en mince filet, sans cesser de tourner. Vous pouvez utiliser un batteur électrique à petite vitesse. Goûtez, poivrez et salez à nouveau au besoin.

4 Retirez les pommes de terre du bouillon à l'aide d'une écumoire. Réservez-les sur un grand plat. Faites tiédir les poissons dans le four préchauffé à 150 °C (th. 5). Placez les tranches de pain au fond d'une soupière. Versez-y deux ou trois louches de bouillon. Placez la moitié de l'aïoli dans une casserole propre : versez-y peu à peu le bouillon filtré sans cesser de tourner, tout en le faisant chauffer à feu très doux. La soupe doit ainsi légèrement épaissir, sans jamais bouillir, sinon elle risque de tourner ! Versez la soupe dans la soupière sur le pain. Servez la soupe, les poissons par-dessus, complétez avec des lamelles de pommes de terre et proposez le restant d'aïoli dans un bol à part.

ASTUCE
Si l'aïoli « tombe », mettez un nouveau jaune d'œuf dans un bol et ajoutez-lui cuillerée par cuillerée l'aïoli précédent : de la sorte, l'émulsion va se créer à nouveau, et la sauce sera « rattrapée ».

À SAVOIR
À Sète, on y met uniquement de la lotte et on tartine les tranches de pain de son foie grillé.

AÏOLI GARNI

POUR 6 PERSONNES

30 MIN DE PRÉPARATION
1 NUIT DE REPOS
1 H 25 DE CUISSON

FACILE
COÛT €€€

MATÉRIEL

Grille et bassine
Mixeur
Batteur électrique (facultatif)

1 kg de filet de morue salée ou déjà prête à l'emploi • 6 œufs • 6 carottes • 6 pommes de terre • 600 g de haricots verts • 1 petit chou-fleur • 1 kg d'escargots prêts à cuire • 1 bouquet garni (thym, laurier, fenouil) • 1 cuil. à café de grains de poivre **POUR LA SAUCE AÏOLI :** 6 gousses d'ail • 2 jaunes d'œufs bien frais (bio ou issus de poules élevées en plein air) • 60 cl d'huile d'olive • Sel, poivre du moulin

1 Faites dessaler le poisson. Rincez-le longuement. Placez-le sur une grille (type grille à pâtisserie) et posez celle-ci dans une bassine remplie d'eau froide. Remplacez l'eau toutes les 2 h au départ, puis laissez dessaler toute la nuit. En surélevant le poisson de la sorte, il ne baignera pas dans le sel qui s'accumule au fond de la bassine. Vous pouvez également acheter des filets de morue déjà dessalés prêts à l'emploi.

2 Faites durcir les œufs pendant 10 min. Épluchez les carottes et les pommes de terre. Équeutez les haricots verts. Lavez le chou-fleur et coupez-le en bouquets. Faites cuire les carottes, les haricots verts et le chou-fleur 10 à 15 min à la vapeur. Faites cuire les pommes de terre 25 à 30 min. Faites cuire les escargots pendant 1 h à l'eau bouillante.

3 Placez la morue dessalée dans une casserole. Recouvrez-la d'eau froide, ajoutez le bouquet garni et le poivre. Portez à frémissement, couvrez et laissez pocher pendant 10 min. Égouttez la morue.

4 Préparez l'aïoli. Épluchez les gousses d'ail et dégermez-les. Mixez-les finement pour obtenir une pâte. Mélangez les jaunes d'œufs et la purée d'ail, salez légèrement, puis ajoutez l'huile d'olive en mince filet, sans cesser de tourner, comme si vous montiez une mayonnaise. Vous pouvez utiliser un batteur électrique à petite vitesse. Goûtez, poivrez et salez à nouveau au besoin.

5 Écalez les œufs. Disposez les légumes dans des plats creux ainsi que les escargots. Placez l'aïoli sur la table… et laissez chacun se servir à son goût !

À SAVOIR

Le cabillaud, poisson qui, une fois salé, est désigné sous le nom de « morue », fait partie des espèces à préserver. Le lieu jaune peut aisément remplacer la morue dans cette recette, qui sera alors certes moins fidèle à la tradition, mais plus soucieuse de l'avenir et de la préservation des ressources.

BRANDADE DE MORUE

POUR 6 PERSONNES

30 MIN DE PRÉPARATION
1 NUIT DE REPOS
20 MIN DE CUISSON

FACILE
COÛT €€

MATÉRIEL

Grille et bassine
Mixeur (ou mortier)
Râpe
Presse-agrumes
Cuillère en bois

500 g de filet de morue salée ou déjà prête à l'emploi • 2 gousses d'ail • ½ citron bio ou non traité • 50 cl de lait • 40 cl d'huile d'olive
POUR LE COURT-BOUILLON : 1 bouquet garni (poireau, thym, laurier) • 3 branches de fenouil séché • 1 gousse d'ail • ½ cuil. à café de grains de poivre blanc

1 Faites dessaler le poisson. Rincez-le longuement. Placez-le sur une grille (type grille à pâtisserie) et posez celle-ci dans une bassine remplie d'eau froide. Remplacez l'eau toutes les 2 h au départ, puis laissez dessaler toute la nuit. En surélevant le poisson de la sorte, il ne baignera pas dans le sel qui s'accumule au fond de la bassine.

2 Placez la morue dessalée dans une casserole. Recouvrez-la d'eau froide, ajoutez le bouquet garni, le fenouil, la gousse d'ail en chemise et le poivre. Portez à frémissement, couvrez et laissez pocher 10 min. Égouttez la morue et récupérez la chair en ôtant soigneusement la peau et les arêtes. Pelez les 2 gousses d'ail et ôtez leurs germes. Mixez la morue avec l'ail, en procédant par à-coups pour ne pas obtenir une texture pâteuse. Si vous avez un mortier, c'est l'occasion de vous en servir, si vous préférez la méthode traditionnelle.

3 Râpez le zeste du demi-citron et ajoutez-le à l'huile. Pressez le demi-citron, réservez le jus. Faites tiédir l'huile et le lait dans deux casseroles. Placez la morue mixée dans une grande casserole et faites-la chauffer à feu doux. Lorsqu'elle est tiède, ajoutez 1 cuil. à soupe de lait, puis 1 cuil. à soupe d'huile, en mélangeant vivement avec une cuillère en bois. Incorporez peu à peu le lait et l'huile d'olive pour « monter » la brandade à feu doux. Ajoutez le jus de citron réservé et poivrez légèrement.

4 Servez la brandade chaude avec des pommes de terre cuites dans leur peau, ou sur du pain grillé en guise d'apéritif ou d'entrée.

À SAVOIR

En occitan, *brandar* signifie remuer. Tout le secret de la recette est dans la vivacité du geste pour incorporer les ingrédients, un peu comme pour une pâte à choux.

ASTUCE

S'il vous reste de la brandade, mélangez-la à de la purée de pommes de terre pour réaliser des croquettes.

SARDINES FARCIES

POUR 6 PERSONNES

25 MIN DE PRÉPARATION
25 MIN DE CUISSON

UN PEU DIFFICILE
COÛT €

MATÉRIEL

Hachoir
Papier absorbant
Tian (plat à gratin)

1 kg d'épinards frais • 1 oignon • 2 gousses d'ail • ½ botte de persil • 1 cuil. à café de thym ou de sarriette • 1 cuil. à café de romarin • Noix muscade • Huile d'olive • 1 kg de sardines • Chapelure • Sel, poivre du moulin

1 Lavez et équeutez les épinards. Faites-les revenir dans un peu d'huile d'olive, égouttez-les en les pressant fortement entre vos mains. Hachez-les au couteau. Pelez et émincez finement l'oignon. Faites-le revenir dans un peu d'huile d'olive jusqu'à ce qu'il soit tendre, soit environ 10 min. Pelez l'ail et hachez-le avec le persil. Mélangez les épinards, l'oignon, l'ail, le persil, le thym ou la sarriette, le romarin et la noix muscade. Salez et poivrez cette farce.

2 Écaillez et videz les sardines. Ôtez les têtes et l'arête centrale, puis rincez-les soigneusement. Séchez-les sur du papier absorbant. Vous pouvez aussi demander à votre poissonnier de réaliser cette opération pour vous.

3 Posez une sardine sur une planche à découper propre. Placez 1 cuil. à café de farce en haut de la sardine et roulez-la délicatement en finissant par la queue. Vous devez obtenir des petits roulés, queue vers le haut. Recommencez jusqu'à ce que toutes les sardines soient farcies.

4 Préchauffez le four à 180 °C (th. 6). Disposez la farce restante au fond du tian huilé. Posez les sardines farcies par-dessus, nappez d'un peu d'huile d'olive et saupoudrez de chapelure. Enfournez et laissez cuire 15 min.

À SAVOIR

Vous pouvez remplacer les épinards par du vert de blettes et relever cette farce de 3 filets d'anchois au sel finement hachés.

SARDINES EN ESCABÈCHE

POUR 6 PERSONNES

25 MIN DE PRÉPARATION
15 MIN DE CUISSON
24 H DE REPOS

FACILE
COÛT €

MATÉRIEL

Papier absorbant
Plat creux ou terrine
Film alimentaire

1 kg de sardines • 80 g de farine • 2 carottes • 1 oignon • 2 gousses d'ail • 25 cl de vin blanc sec 10 cl de vinaigre de vin rouge • 1 cuil. à café de poivre en grains • 1 feuille de laurier séché • 3 branches de fenouil séché (à défaut, 1 cuil. à café de graines de fenouil) • Huile d'olive • Sel

1 Écaillez et videz les sardines. Ôtez les têtes, rincez soigneusement les sardines et séchez-les sur du papier absorbant. Vous pouvez aussi demander à votre poissonnier de réaliser cette opération pour vous. Si elles sont de bonne taille, ôtez l'arête centrale.

2 Roulez les sardines dans la farine. Faites-les dorer dans un peu d'huile d'olive, 1 min de chaque côté : elles ne doivent pas cuire en totalité, juste être dorées en surface. Placez-les dans un grand plat creux ou une terrine.

3 Épluchez les carottes, l'oignon et l'ail. Coupez-les finement. Portez à ébullition le vin blanc, le vinaigre, les carottes, l'oignon, l'ail, le poivre, le laurier, le fenouil et une bonne pincée de sel. Portez à ébullition pendant 10 min.

4 Versez cette marinade brûlante sur les sardines. La chaleur va finir de les faire cuire. Couvrez avec un film alimentaire et laissez reposer pendant 24 h au réfrigérateur avant de déguster.

À SAVOIR
Vous pouvez préparer de la même manière des petits maquereaux (lisettes) ou des rougets.

SOUPE DE CONGRE

POUR 6 PERSONNES

45 MIN DE PRÉPARATION
35 MIN DE CUISSON

UN PEU DIFFICILE
COÛT €

MATÉRIEL

Cocotte
Moulin à légumes

1 kg de congre • 1 poireau • 3 gousses d'ail • 2 tomates • 1 cuil. à soupe de concentré de tomates • 1 feuille de laurier séché • 1 branche de fenouil • 1 clou de girofle • 1 petit piment sec (type peperoncino) • 1 pincée de safran • Huile d'olive • Sel, poivre du moulin

1 Coupez le congre en gros morceaux. Lavez soigneusement et émincez le poireau. Pelez et émincez l'ail. Coupez les tomates en morceaux. Dans la cocotte, faites roussir le poireau et l'ail dans 2 cuil. à soupe d'huile d'olive. Ajoutez les tomates et le concentré de tomates, le laurier, le fenouil, le clou de girofle et le piment.

2 Ajoutez le congre dans la cocotte, faites-le revenir 3 à 4 min. Ajoutez 2 l d'eau bouillante, salez, poivrez et laissez mijoter 30 min à feu doux.

3 Passez cette soupe au moulin à légumes : n'utilisez pas de mixeur, il s'agit de récupérer la chair du poisson sans les arêtes ! C'est un travail de force, mais qui donne toute sa saveur à la soupe.

4 Reversez la soupe ainsi obtenue dans la cocotte nettoyée. Portez à ébullition, ajoutez le safran à la dernière minute. Servez sur des tranches de pain grillé, éventuellement saupoudrées de fromage râpé.

À SAVOIR
Une fois la soupe prête, certains y font cuire 150 g de vermicelles à la place du pain grillé. À vous de choisir votre version préférée ! Plus vous approchez de la queue du congre, plus vous aurez d'arêtes : pensez-y en l'achetant...

SOUPE DE MOULES

POUR 6 PERSONNES

20 MIN DE PRÉPARATION
20 MIN DE CUISSON

FACILE
COÛT €

MATÉRIEL

Faitout
Chinois

1,5 l de moules bien fraîches • 20 cl de vin blanc sec • 1 gros oignon • 1 gousse d'ail • 2 tomates bien mûres • 1 bouquet garni (laurier, thym, fenouil) • 200 g de vermicelles ou de spaghettis coupés à la main • 1 dose de safran • Huile d'olive • Sel, poivre du moulin

1 Lavez et grattez les moules. Jetez-les dans un grand faitout pour les ouvrir avec le vin blanc. Remuez la casserole jusqu'à ce qu'elles soient toutes ouvertes. Décoquillez-les et réservez-les. Filtrez le jus de cuisson et mettez-le de côté.

2 Pelez et hachez finement l'oignon. Pelez et écrasez l'ail. Coupez et épépinez les tomates. Faites dorer l'oignon dans 1 cuil. à soupe d'huile d'olive. Ajoutez les tomates et l'ail, faites-les revenir quelques instants. Mouillez avec 1,5 l d'eau, ajoutez le jus des moules et le bouquet garni.

3 Portez à ébullition et ajoutez les vermicelles. Laissez-les cuire 1 min de moins que le temps mentionné sur le paquet.

4 Ajoutez le safran et les moules, et faites chauffer encore 1 min. Goûtez, salez et poivrez si nécessaire. Servez.

À SAVOIR

On ne sale pas ce plat en début de cuisson car les moules le sont déjà naturellement. Il est plus judicieux d'ajuster la quantité de sel après avoir goûté que de risquer une mauvaise surprise !

VARIANTES

Certains remplacent les pâtes par du riz de Camargue, et préfèrent mettre du piment plutôt que du safran.

RIZ AUX FAVOUILLES

POUR 6 PERSONNES

20 MIN DE PRÉPARATION
25 MIN DE CUISSON

FACILE
COÛT €

MATÉRIEL

Faitout

1 oignon • 2 tomates (ou 20 cl de coulis) • 500 g de petits crabes verts (favouilles) vivants • 300 g de riz de Camargue • 10 cl de vin blanc • 1 bouquet garni (laurier, thym, fenouil) • 1 gousse d'ail • 1 dose de safran (facultatif) • Huile d'olive • Sel, poivre du moulin

1 Pelez et émincez l'oignon. Coupez les tomates en morceaux. Faites rissoler l'oignon dans 1 cuil. à soupe d'huile d'olive. Ajoutez les tomates, puis les crabes, couvrez. Lorsque les crabes ont rougi, ajoutez le riz et mélangez vivement. Versez le vin et laissez-le s'évaporer.

2 Versez alors 80 cl d'eau chaude, ajoutez le bouquet garni et l'ail. Laissez cuire à petits bouillons pendant 20 min, jusqu'à ce que le riz ait absorbé toute l'eau. Si nécessaire, ajoutez un peu d'eau bouillante afin de terminer la cuisson du riz.

3 Ajoutez hors du feu le safran et un trait d'huile d'olive. Mélangez et servez sans attendre.

À SAVOIR

Ici, il s'agit d'un pilaf de riz et non d'un risotto. Le riz ne sera pas crémeux mais plutôt proche de la texture d'une paella. Les plus courageux casseront les crabes à l'aide d'un casse-noix et suceront avec délice le peu de chair qu'ils contiennent.

ENCORNETS FARCIS

POUR 6 PERSONNES

30 MIN DE PRÉPARATION
1 H 15 DE CUISSON

UN PEU DIFFICILE
COÛT : €€

MATÉRIEL

Hachoir
Piques en bois

6 beaux encornets entiers, non surgelés • 150 g de pain rassis • 20 cl de lait • 2 oignons • 150 g de poitrine de porc fumée • 2 gousses d'ail • ½ bouquet de persil plat • 2 œufs • 40 cl de coulis de tomates • 20 cl de vin blanc • 2 cuil. à soupe de cognac • 1 bouquet garni (poireau, laurier, thym) • Huile d'olive • Sel, poivre du moulin

1 Préparez les encornets (voir pas à pas p. 16).

2 Faites tremper le pain dans le lait et essorez-le fortement entre vos mains lorsqu'il est devenu bien mou. Hachez les oignons. Coupez la poitrine de porc en petits lardons. Hachez finement au couteau les tentacules des encornets. Faites blondir pendant 5 min la moitié des oignons dans 2 cuil. à soupe d'huile d'olive, ajoutez les tentacules et les lardons et faites-les revenir pendant 10 min. Hachez l'ail et le persil, ajoutez-les hors du feu à la farce avec le pain et les œufs. Farcissez les encornets aux trois quarts en tassant bien. Fermez chacun d'eux avec une grande pique en bois.

3 Faites dorer les encornets dans de l'huile d'olive à feu moyen, des deux côtés. Ajoutez le reste des oignons, le coulis de tomates, le vin blanc, le cognac et le bouquet garni. Couvrez et laissez mijoter pendant 1 h.

4 Ôtez les piques en bois. Coupez chaque encornet en deux sur les assiettes de service, nappez de sauce et servez accompagné de riz.

À SAVOIR
Les encornets peuvent également être farcis d'un mélange de riz et d'épinards, ou encore de chair à saucisse. Veillez à ne pas trop remplir les poches des calamars : la chair gonfle légèrement en cuisant.

DAUBE DE SEICHE

POUR 4 PERSONNES

30 MIN DE PRÉPARATION
2 H DE CUISSON

UN PEU DIFFICILE
COÛT €€

MATÉRIEL

Cocotte

1,2 kg de seiches • 100 g de poitrine de porc fumée • 1 gros oignon (paille ou rouge) • 2 carottes • 3 belles tomates bien mûres ou 20 cl de pulpe de tomate en conserve • 1 gousse d'ail • 1 cuil. à soupe bombée de farine • 1 cuil. à soupe de cognac • 50 cl de vin rouge corsé (côtes-de-Provence) • Huile d'olive • 1 bouquet garni (thym, laurier, fenouil) • 1 bouquet garni • Sel, poivre du moulin

1 Séparez les corps et les têtes des seiches, videz-les, nettoyez-les soigneusement et coupez-les en petits morceaux. Coupez la poitrine de porc en lardons. Pelez et émincez finement l'oignon et les carottes. Épépinez et coupez les tomates en morceaux.

2 Faites chauffer 2 cuil. à soupe d'huile d'olive dans la cocotte. Faites-y dorer l'oignon, les carottes, les gousses d'ail en chemise et les lardons. Ajoutez les seiches et saisissez-les. Lorsqu'elles ont rendu de l'eau, saupoudrez-les de farine et mélangez. Ajoutez alors le cognac et le vin, mélangez jusqu'à obtenir une sauce. Ajoutez ensuite les tomates, du thym, du laurier et quelques branches de fenouil. Salez et poivrez.

3 Portez à ébullition, couvrez puis laissez mijoter à feu doux pendant 1 h 30 en remuant de temps à autre pour éviter que le fond de la cocotte attache. Si nécessaire, ajoutez un peu d'eau en cours de cuisson.

4 Ôtez le bouquet garni et servez avec du riz blanc.

VARIANTE

Vous pouvez également ajouter le zeste de ½ orange bio ou non traitée dans la sauce en début de cuisson. Le cognac peut être remplacé par du whisky.

DANS L'ARRIÈRE-PAYS

SOUPE DE PETIT ÉPEAUTRE

POUR 4 À 6 PERSONNES

15 MIN DE PRÉPARATION
1 H 05 DE CUISSON

FACILE
COÛT €€

MATÉRIEL

Cocotte

1 poireau • 2 carottes • 1 branche de céleri • 2 navets • 2 hauts de gigot d'agneau ou, à défaut, 600 g de gigot ou d'épaule d'agneau • 200 g de petit épeautre de Haute-Provence • 1 bouquet garni (thym, laurier, romarin) • 1 gousse d'ail • 1 oignon piqué de 1 clou de girofle • 2 cuil. à soupe d'huile d'olive • 1 cuil. à café de sel

1 Lavez, pelez si nécessaire et coupez tous les légumes en dés. Faites chauffer l'huile d'olive dans la cocotte.

2 Faites-y dorer les morceaux d'agneau de tous côtés, puis ajoutez le petit épeautre égoutté et les légumes. Laissez rissoler quelques instants. Ajoutez 2 l d'eau, le bouquet garni, la gousse d'ail en chemise, l'oignon et le sel.

3 Couvrez et laissez mijoter pendant 1 h à feu doux. La viande va s'effilocher dans la soupe et le petit épeautre devenir crémeux. Servez avec un filet d'huile d'olive.

À SAVOIR
Traditionnellement, cette soupe accueille un haut de gigot (becquet) ou un saucisson de couenne, charcuterie en voie de disparition. Attention de ne pas confondre le petit épeautre avec l'épeautre, autre type de blé qui pousse plutôt en Allemagne et dans les pays froids.

SOU FASSUM

POUR 8 À 10 PERSONNES

1 H DE PRÉPARATION
3 H 20 DE CUISSON

DIFFICILE
COÛT €€

MATÉRIEL

Hachoir
Torchon
Grande cocotte, type cocotte minute

1 chou vert • 100 g de riz rond de Camargue • 1 oignon • 200 g de vert de blettes (poids cru) • 2 tomates • 1 gousse d'ail • 10 brins de persil plat • 15 fines tranches de poitrine de porc • 200 g de petits pois écossés, frais ou surgelés • 500 g de chair à saucisse • 2 œufs (bio ou issus de poules élevées en plein air) • Thym • Sauge • Huile d'olive • 3 l de bouillon de poule • Sel, poivre du moulin

1 Ôtez les feuilles dures extérieures du chou. Détachez les feuilles, conservez les 15 plus belles. Coupez le cœur en quatre. Plongez les feuilles et le cœur dans un grand volume d'eau bouillante salée et laissez-les cuire pendant 5 min. Égouttez-les soigneusement.

2 Faites cuire le riz dans de l'eau bouillante salée pendant 15 min. Hachez finement le cœur du chou. Pelez et hachez l'oignon. Hachez les feuilles de blettes. Faites dorer l'oignon dans 1 cuil. à soupe d'huile d'olive, puis ajoutez les feuilles de blettes et laissez-les cuire pendant 2 min. Épépinez, puis hachez les tomates. Pelez l'ail et hachez-le avec le persil. Mélangez le riz égoutté, les blettes à l'oignon, les petits pois crus (ou décongelés), la chair à saucisse, les tomates, les œufs, le hachis d'ail et de persil. Émiettez-y un peu de thym et de sauge séchés, poivrez et salez (légèrement, la chair à saucisse l'est déjà). Malaxez longuement pour obtenir une farce homogène.

3 Reconstituez le chou en alternant une feuille de chou, une tranche de poitrine de porc, de la farce, une feuille de chou, une tranche de poitrine de porc, de la farce, et ainsi de suite jusqu'à épuisement de tous les ingrédients. Tassez pour obtenir un chou bien dense. Enveloppez le chou dans un torchon propre et serrez bien.

4 Portez le bouillon de poule à frémissement dans la cocotte. Plongez-y le chou et laissez cuire à frémissement pendant 3 h environ, en vérifiant régulièrement le niveau de liquide et en ajoutant de l'eau si nécessaire. Égouttez, ouvrez le torchon et coupez le chou en quartiers, comme un melon.

VARIANTE

L'ajout de petits pois est propre à Grasse. On les remplace souvent par de la mie de pain trempée dans du lait.

TIAN DE COURGE ET DE RIZ

POUR 6 PERSONNES

25 MIN DE PRÉPARATION
1 H 10 DE CUISSON

FACILE
COÛT €

MATÉRIEL

Tian (plat à gratin)

1 kg de courge musquée • 1 feuille de laurier séché • 1 gousse d'ail • 1 oignon • 125 g de riz rond de Camargue • 3 œufs (bio ou issus de poules élevées en plein air) • 20 cl de lait • Noix muscade • 2 cuil. à soupe d'huile d'olive • 50 g de fromage râpé : emmental, parmesan, edam... • Sel, poivre du moulin

1 Pelez la courge, coupez-la en gros cubes. Faites-la cuire 15 min dans de l'eau bouillante salée avec la feuille de laurier et la gousse d'ail. La chair doit être encore un peu ferme. Égouttez.

2 Émincez l'oignon et faites-le blondir dans l'huile d'olive. Ajoutez le riz, couvrez d'eau salée et faites cuire pendant 10 min. Égouttez si nécessaire.

3 Préchauffez le four à 180 °C (th. 6). Battez les œufs avec le lait, salez, poivrez et assaisonnez de noix muscade. Ajoutez le riz à ce mélange. Écrasez grossièrement à la fourchette la courge et l'ail, ajoutez-les au riz et aux œufs.

4 Versez la préparation dans un tian légèrement huilé. Saupoudrez de fromage et enfournez pendant 45 min, jusqu'à ce que le dessus du tian soit bien doré.

VARIANTE

Vous pouvez ajouter à ce tian 100 g de poitrine de porc fumée coupée en allumettes.

TOURTONS

POUR 4 À 6 PERSONNES
(ENVIRON 20 TOURTONS)

1 H 30 DE PRÉPARATION
30 MIN DE REPOS
45 MIN DE CUISSON

UN PEU DIFFICILE
COÛT €

MATÉRIEL

Film alimentaire
Machine à pâtes ou laminoir
Roulette crantée
Torchon

POUR LA PÂTE : 300 g de farine (T45) • 30 g de saindoux • 3 œufs (bio ou issus de poules élevées en plein air) • 2 cl d'huile d'olive • 1/4 de cuil. à café de sel **POUR LA GARNITURE :** 500 g de pommes de terre à purée • 2 blancs de poireau • 150 g de tomme fraîche • ½ cuil. à café de sel • Noix muscade • Poivre du moulin **POUR LA CUISSON :** Huile de friture

1 Mélangez la farine et le sel, creusez un puits. Faites fondre le saindoux à feu doux. Versez-le dans le puits, ajoutez les œufs battus et l'huile d'olive. Pétrissez pendant 5 min jusqu'à l'obtention d'une pâte assez ferme. Emballez de film alimentaire et laissez reposer le temps de préparer la garniture.

2 Épluchez les pommes de terre et faites-les cuire à la vapeur ou dans de l'eau bouillante salée. Dans une poêle, faites fondre les blancs de poireau émincés dans une noix de beurre jusqu'à ce qu'ils soient tendres. Ajoutez les pommes de terre et écrasez-les à l'aide d'une fourchette. Ajoutez le fromage coupé en petits cubes, assaisonnez de noix muscade et de poivre, mélangez bien.

3 Coupez la pâte en 14 portions. Étalez-la le plus finement possible en bandelettes d'au moins 4 cm de large : utilisez de préférence un laminoir à pâtes, réglé sur le cran n° 5. Sinon, vous pouvez utilisez un rouleau à pâtisserie, mais la pâte doit être fine d'environ 0,4 mm.

4 Déposez des cuillerées à café de purée au fromage bien espacées sur une bandelette. Recouvrez d'une autre bandelette de pâte, appuyez pour chassez l'air et découpez en carrés à l'aide d'une roulette ou d'un couteau bien aiguisé. Scellez les bords des tourtons à l'aide d'une fourchette. Réservez les tourtons sur un grand plateau recouvert d'un torchon pour éviter qu'ils sèchent. Recommencez jusqu'à épuisement des ingrédients.

5 Faites frire les tourtons 4 par 4 dans l'huile végétale bien chaude, 2 min de chaque côté. Égouttez-les. Réservez-les au chaud dans un four préchauffé à 100 °C (th. 3-4).

VARIANTE

Les tourtons peuvent également être farcis de viande hachée, d'épinards revenus avec de l'oignon, voire même… de compote de pomme ou de pruneaux.

CONSEILS

- Le saindoux est le corps gras traditionnel utilisé pour cette recette, mais vous pouvez le remplacer par du beurre en quantité égale, ou par de l'huile d'olive.
- Les tourtons peuvent également très bien se congeler avant cuisson, sur un plateau : il suffira de les faire frire 2 min de plus lorsque vous voudrez les déguster.

BANON MARINÉ

POUR 4 PERSONNES

10 MIN DE PRÉPARATION
15 JOURS DE REPOS

FACILE
COÛT €€

MATÉRIEL

Bocal hermétique

4 banons affinés mi-secs • 6 feuilles de laurier sèches • 10 brins de sarriette secs • 5 brins de thym sec • 1 cuil. à café de grains de poivre • Quelques baies roses • ½ cuil. à café de graines de fenouil • 25 cl d'huile d'olive fruitée noire

1 Placez un banon au fond d'un bocal, posez dessus une feuille de laurier, un peu de sarriette, de thym, de poivre, de baies roses et de graines de fenouil. Recommencez jusqu'à épuisement des ingrédients, en tassant bien les fromages.

2 Versez l'huile d'olive progressivement, en veillant à ce qu'elle aille dans tous les interstices. Les fromages doivent être complètement immergés et il ne doit pas y avoir d'espace vide. Fermez le bocal : il doit être rempli à ras bord.

3 Réservez au frais et patientez 15 jours avant de déguster.

À SAVOIR

Vous ne devez employer que des herbes parfaitement séchées pour cette recette. En effet, les herbes fraîches sont déconseillées pour les marinades de longue durée, car elles peuvent entraîner le botulisme, maladie rare mais grave.

CROQUETS AUX AMANDES

POUR 40 CROQUETS ENVIRON

10 MIN DE PRÉPARATION
25 MIN DE CUISSON

FACILE
COÛT €

MATÉRIEL

Papier sulfurisé

250 g de farine • 180 g de sucre • 2 pincées de sel • 2 gros œufs (bio ou issus de poules élevées en plein air) • 1 cuil. à soupe d'eau de fleur d'oranger • 175 g d'amandes entières non pelées

1 Préchauffez le four à 180 °C (th. 6). Mélangez la farine, le sucre et le sel. Creusez un puits et cassez-y les œufs. Ajoutez l'eau de fleur d'oranger et mélangez jusqu'à obtenir une pâte collante.

2 Ajoutez les amandes et pétrissez la pâte. Si besoin, ajoutez 1 à 2 cuil. à soupe d'eau froide pour obtenir une pâte homogène.

3 Sur la plaque du four recouverte de papier sulfurisé, façonnez des bandelettes d'environ 1 cm d'épaisseur, et longues de 20 cm de long sur 3 cm de large. Enfournez pour 25 min. La pâte doit blondir.

4 Laissez tiédir les croquets pendant 5 min, puis coupez-les en morceaux de 1 × 3 cm environ. Laissez refroidir complètement avant de déguster.

À SAVOIR

Ces croquets se conservent pendant 3 semaines dans une boîte hermétique.

GLACE À LA LAVANDE

POUR 4 PERSONNES

20 MIN DE PRÉPARATION
2 H DE REPOS
10 MIN DE CUISSON +
30 MIN D'INFUSION
30 MIN DE TURBINAGE (OU PLUS, SELON VOTRE SORBETIÈRE)

FACILE
COÛT €

MATÉRIEL

Chinois
Sorbetière ou turbine à glace

30 cl de lait frais entier • 30 cl de crème liquide entière • 50 g de miel de lavande • 30 g de fleurs de lavande séchées • 4 jaunes d'œufs (bio ou issus de poules élevées en plein air) • 30 g de sucre

1 Portez à frémissement le lait, la crème et le miel. Ajoutez les fleurs de lavande, couvrez et laissez infuser pendant 30 min. Filtrez.

2 Fouettez les jaunes d'œufs avec le sucre. Versez le lait à la lavande en filet sans cesser de mélanger, puis reversez le tout dans la casserole où le lait a chauffé. Faites cuire à feu doux en mélangeant sans cesse, jusqu'à ce que la crème nappe la cuillère.

3 Laissez refroidir à température ambiante, puis placez pendant 2 h au réfrigérateur. Passez ensuite dans la sorbetière, en suivant les instructions du constructeur.

À SAVOIR
- Les fleurs de lavande à infuser s'achètent en pharmacie et dans les magasins d'alimentation biologique.
- Cette glace à la lavande est meilleure dégustée au sortir de la turbine. Si vous souhaitez la conserver pendant quelques jours au congélateur, ajoutez-y 1 cuil. à soupe de vodka ou d'eau-de-vie de votre choix pour limiter la formation de paillettes. Sortez-la du congélateur 15 min avant dégustation.

DU BOUT DES DOIGTS

PANISSES

POUR 4 PERSONNES

10 MIN DE PRÉPARATION
1 NUIT DE REPOS
20 MIN DE CUISSON

FACILE
COÛT €

MATÉRIEL

Mixeur plongeant
ou blender (facultatifs)
Maryse
Moule à cake
Verre ou emporte-pièce
Papier absorbant

150 g de farine de pois chiches • ½ cuil. à café de sel • 1 cuil. à café rase de bicarbonate de sodium (soit 5 g) • Huile d'olive • Sel fin

1 Mélangez la farine de pois chiches, le sel et le bicarbonate. Ajoutez peu à peu 30 cl d'eau froide, comme pour une pâte à crêpes. Si des grumeaux se forment, mixez à l'aide d'un mixeur plongeant ou d'un blender.

2 Portez le mélange à ébullition à feu moyen, en remuant sans cesse à l'aide d'une maryse (spatule en silicone). Faites cuire pendant 5 à 8 min en mélangeant sans cesse : la pâte doit épaissir et avoir la consistance d'une pâte à choux. Versez dans un moule à cake huilé, lissez la surface et placez au réfrigérateur toute une nuit.

3 Démoulez la panisse et coupez-la en tranches épaisses de 1,5 cm. Détaillez-la en cercles à l'aide d'un verre ou d'un emporte-pièce si vous souhaitez des rondelles de panisse. Sinon, détaillez-la en gros bâtonnets, comme pour faire des frites.

4 Épongez les panisses. Faites chauffer 2 cuil. à soupe d'huile dans une poêle et faites-y dorer les panisses 4 à 5 min de chaque côté. Égouttez sur du papier absorbant, saupoudrez de sel et servez.

ASTUCE
À l'Estaque, les panisses sont moulées en forme de cylindre. Le plus simple est d'utiliser des boîtes de conserve vides ! Sinon, vous pouvez façonner la pâte un peu refroidie à l'aide d'un film alimentaire, mais cela nécessite un certain tour de main.

À SAVOIR
La panisse se conserve 2 jours dans son moule au réfrigérateur, recouverte d'un film alimentaire.

PAN BAGNAT

POUR 4 PERSONNES
FACILE
COÛT €€

15 MIN DE PRÉPARATION
1 H DE REPOS

4 tomates bien mûres • 2 petits poivrons verts à salade (cornes de bœuf) • 4 cébettes (oignons frais) • 250 g de fèves • 4 artichauts poivrade • ½ citron • 16 olives noires de Nice • 4 œufs durs • 4 petits pains ronds • 1 gousse d'ail • Huile d'olive • Vinaigre de vin rouge • 8 filets d'anchois à l'huile d'olive ou 2 boîtes de miettes de thon à l'huile d'olive • 8 feuilles de basilic • Sel, poivre du moulin

1 Lavez et coupez les tomates en rondelles. Lavez les poivrons, ôtez leurs graines et coupez-les en fines lamelles. Hachez finement les cébettes. Égrenez les fèves. Préparez les artichauts (voir pas à pas p. 14). Coupez-les en fines lamelles et citronnez-les légèrement pour éviter qu'ils noircissent. Dénoyautez les olives. Coupez les œufs durs en rondelles.

2 Coupez les pains en deux, aux deux tiers de leur hauteur. Creusez-les légèrement en ôtant un peu de mie. Frottez l'intérieur avec la gousse d'ail pelée et coupée en deux. Mélangez 4 cuil. à soupe d'huile d'olive, 1 cuil. à soupe de vinaigre de vin rouge, salez et poivrez. Imbibez les pains de cette vinaigrette.

3 Répartissez sur chaque moitié de pain la tomate, le poivron, les cébettes, les fèves, l'artichaut et les olives. Disposez les rondelles d'œuf dur, les filets d'anchois (ou le thon) et les feuilles de basilic hachées sur le dessus de la garniture. Poivrez, salez légèrement, nappez d'un filet d'huile d'olive, puis refermez chaque pan bagnat en tassant bien avec les mains.

4 Placez au réfrigérateur pendant 1 h, le temps que toutes les saveurs se mélangent.

VARIANTES
Vous pouvez également glisser des rondelles de radis rose ou un cœur de céleri finement haché dans votre pan bagnat, voire utiliser des fèves pelées surgelées – à condition de les avoir décongelées bien sûr !

PISSALADIÈRE

POUR 6 PERSONNES

30 MIN DE PRÉPARATION
2 H DE REPOS
1 H DE CUISSON

FACILE
COÛT €

MATÉRIEL

Robot ménager (facultatif)
Torchon
Sauteuse large

POUR LA PÂTE À PAIN : 10 g de levure de boulanger sèche • 1 cuil. à café de miel • 20 cl d'eau tiède • 500 g de farine • 1 cuil. à café de sel • 2 cuil. à soupe d'huile d'olive **POUR LA GARNITURE :** 750 g d'oignons • 1 gousse d'ail • 2 cuil. à soupe d'huile d'olive • 1 feuille de laurier séché • 5 branches de thym • 8 filets d'anchois à l'huile d'olive • 12 olives noires de Nice • Sel, poivre du moulin

1 Préparez la pâte à pain. Mélangez la levure, le miel et 10 cl d'eau tiède. Laissez le mélange mousser. Versez la farine et le sel. Creusez un puits, versez le mélange à la levure, ainsi que l'huile d'olive et les 10 cl d'eau tiède restants. Pétrissez la pâte pendant une dizaine de minutes jusqu'à ce qu'elle soit bien lisse (vous pouvez effectuer cette opération au robot). Couvrez d'un torchon légèrement mouillé et laissez lever pendant 2 h à l'abri des courants d'air.

2 Préparez la garniture. Pelez et hachez finement les oignons. Pelez la gousse d'ail. Faites chauffer l'huile d'olive dans la sauteuse et faites-y dorer légèrement les oignons. Ajoutez le laurier émietté et le thym. Salez, baissez le feu et couvrez. Laissez compoter les oignons à feu doux jusqu'à ce qu'ils soient fondants et translucides : comptez de 20 à 30 min.

3 Préchauffez le four à 210 °C (th. 7). Étalez la pâte à pain sur une plaque huilée à l'aide de vos mains. Mélangez 2 anchois coupés en petits morceaux avec les oignons et étalez ce mélange sur la pâte. Décorez avec les anchois restants et les olives, saupoudrez légèrement de thym, poivrez, nappez d'un filet d'huile d'olive et enfournez dans le bas du four.

4 Laissez cuire pendant 30 min environ, jusqu'à ce que la pâte soit dorée. Servez coupé en carrés.

CONSEIL

Si vous craignez de trop pleurer en épluchant les oignons, vous pouvez utiliser des lamelles d'oignons surgelées.

VARIANTE

À Menton, on ajoute de la tomate dans les oignons compotés, pour obtenir une délicieuse « quichade », fille cachée de la pizza et de la pissaladière !

PIZZA MOITIÉ-MOITIÉ

POUR 4 PERSONNES

15 MIN DE PRÉPARATION
1 H DE REPOS
20 MIN DE CUISSON

FACILE
COÛT €

MATÉRIEL

Saladier
Film alimentaire ou torchon
Plaque allant au four
Rouleau à pâtisserie (facultatif)
Papier sulfurisé

POUR LA PÂTE : 1 sachet de levure de boulanger déshydratée (environ 10 g) • 1 cuil. à soupe de sucre en poudre • 15 cl d'eau • 250 g de farine • 1 cuil. à café de sel • 2 cuil. à soupe d'huile d'olive **POUR LA GARNITURE :** 20 cl de coulis de tomates • 6 filets d'anchois à l'huile • 80 g d'emmental râpé • Origan séché • 6 olives noires (facultatives)

1 Préparez la pâte à pizza. Mélangez la levure, le sucre et 10 cl d'eau tiède. Laissez le mélange mousser. Versez la farine et le sel dans un grand saladier et mélangez. Creusez un puits, versez l'huile d'olive et le mélange à la levure. Ajoutez 5 cl d'eau tiède et pétrissez la pâte pendant 10 min, jusqu'à ce qu'elle soit souple et ne colle plus. Couvrez-la d'un film alimentaire ou d'un torchon et laissez lever pendant 1 h : la pâte doit doubler de volume.

2 Préchauffez le four à 220 °C (th. 7-8). Étalez la pâte sur la plaque du four recouverte de papier sulfurisé, en un grand disque, à l'aide de vos mains ou d'un rouleau à pâtisserie : elle doit être bien fine.

3 Tartinez la pizza de coulis de tomates en laissant un bord libre d'environ 1 cm tout autour. Disposez les anchois en étoile sur une moitié de la pizza et saupoudrez généreusement l'autre moitié de fromage râpé. Ajoutez un peu d'origan et arrosez d'un filet d'huile d'olive. Si vous le souhaitez, vous pouvez ajouter des olives sur votre pizza.

4 Placez la pizza en bas du four et laissez cuire 20 min, jusqu'à ce que les bords soient bien dorés.

ASTUCE

Vous pouvez préparer votre pâte à pizza le matin et la laisser lever lentement au réfrigérateur toute la journée : elle n'en sera que meilleure.

À SAVOIR

Selon la taille de votre four, vous pourrez réaliser, avec ces proportions, 1 grande pizza ou 2 pizzas moyennes.

PIZZA ARMÉNIENNE

POUR 4 PERSONNES

15 MIN DE PRÉPARATION
1 H DE REPOS
20 MIN DE CUISSON

FACILE
COÛT €€

MATÉRIEL

Saladier
Film alimentaire ou torchon
Plaque allant au four
Papier sulfurisé
Hachoir
Rouleau à pâtisserie (facultatif)

POUR LA PÂTE : 1 sachet de levure de boulanger déshydratée (environ 10 g) • 1 cuil. à soupe de sucre en poudre • 15 cl d'eau • 250 g de farine • 1 cuil. à café de sel • 2 cuil. à soupe d'huile d'olive **POUR LA GARNITURE :** 1 gros oignon blanc • 1 gousse d'ail • 1 petit poivron vert • ½ bouquet de persil haché • 1 grosse tomate fraîche • 400 g d'agneau ou de bœuf haché (ou un mélange) • 20 cl de coulis de tomates • 1 cuil. à café de cumin • 1 cuil. à café de coriandre moulue • 1 cuil. à café de paprika fort • 1 cuil. à soupe d'huile d'olive • Origan séché • Sel, poivre du moulin

1 Préparez la pâte à pizza. Mélangez la levure, le sucre et 10 cl d'eau tiède. Laissez le mélange mousser. Versez la farine et le sel dans un grand saladier et mélangez. Creusez un puits, versez l'huile d'olive et le mélange à la levure. Ajoutez 5 cl d'eau tiède et pétrissez la pâte pendant 10 min, jusqu'à ce qu'elle soit souple et ne colle plus. Couvrez-la d'un film alimentaire ou d'un torchon et laissez lever pendant 1 h : la pâte doit doubler de volume.

2 Préchauffez le four à 220 °C (th. 7-8). Étalez la pâte sur la plaque du four recouverte de papier sulfurisé, en un grand disque, à l'aide de vos mains ou d'un rouleau à pâtisserie : elle doit être bien fine.

3 Préparez la farce. Pelez et hachez finement l'oignon, l'ail, le poivron, le persil et la tomate fraîche. Mélangez avec la viande et le coulis de tomates, ajoutez les épices, salez et poivrez. Répartissez cette préparation sur la pâte en la tassant avec le dos d'une cuillère : elle doit former une couche assez épaisse, qui va s'affiner à la cuisson. Saupoudrez d'origan et arrosez d'un filet d'huile d'olive.

3 Placez la pizza en bas du four et laissez cuire 20 min, jusqu'à ce que les bords soient bien dorés.

ASTUCE

La viande réduit en cuisant. Veillez donc à garnir généreusement votre pizza jusqu'au bord : la bordure de pâte se créera toute seule après le passage au four.

TAPENADE NOIRE

POUR 1 BOL
5 MIN DE PRÉPARATION
FACILE
COÛT €

MATÉRIEL
Mixeur

250 g d'olives noires dénoyautées • 50 g de câpres au sel, bien rincées • 6 filets d'anchois à l'huile d'olive, en conserve • 1 cuil. à café de cognac • 1 cuil. à soupe d'huile d'olive • 2 cuil. à café d'herbes de Provence sèches • Poivre du moulin

1. Mixez tous les ingrédients.

2. Goûtez et, si nécessaire, rectifiez l'assaisonnement.

TAPENADE VERTE

POUR 1 BOL
5 MIN DE PRÉPARATION
FACILE
COÛT €

MATÉRIEL
Mixeur

250 g d'olives vertes dénoyautées • 50 g de câpres au sel, bien rincées • 3 filets d'anchois à l'huile d'olive, en conserve • 1 cuil. à soupe de poudre d'amandes • 1 cuil. à soupe d'huile d'olive • 2 cuil. à café d'herbes de Provence sèches • Poivre

1. Mixez tous les ingrédients.

2. Goûtez et, si nécessaire, rectifiez l'assaisonnement.

À SAVOIR
Vous pouvez conserver ces tapenades pendant 2 semaines au réfrigérateur dans un bocal, la surface légèrement couverte d'huile d'olive.

ANCHOÏADE, QUICHETS
AUX ANCHOIS ET TOASTS À LA POUTARGUE

POUR 4 PERSONNES

5 À 20 MIN
DE PRÉPARATION

FACILE
COÛT €

MATÉRIEL

Mixeur (ou mortier)

POUR L'ANCHOÏADE : 2 gousses d'ail • 20 filets d'anchois à l'huile d'olive • 10 cl d'huile d'olive • 1 cuil. à café de vinaigre de vin rouge • 6 branches de persil effeuillées • Poivre du moulin Pour les quichets : 1 gousse d'ail • 100 g d'anchois à l'huile d'olive • 4 cuil. à soupe d'huile d'olive • 1 baguette **POUR LES TOASTS À LA POUTARGUE :** 100 g de poutargue • 30 g de beurre doux • 1 baguette

1 Préparez l'anchoïade. Pelez l'ail. Mixez-le finement. Ajoutez les filets d'anchois, l'huile d'olive, le vinaigre et enfin les feuilles de persil. Poivrez généreusement et mixez jusqu'à l'obtention d'une crème lisse. Vous pouvez également utiliser un mortier.

2 Trempez dans cette sauce les crudités de votre choix : tomates, cœurs de céleri, fenouil, poivron, carotte, fèves, chou-fleur...

3 Préparez les quichets. Piquez la gousse d'ail épluchée sur une fourchette. Faites fondre à feu doux les filets d'anchois avec l'huile d'olive en remuant à la fourchette piquée d'ail. Étalez cette préparation sur de minces tranches de baguette et passez quelques instants sous le gril du four.

4 Préparez les toasts. Coupez la baguette en tranches fines. Faites-les griller au four. Ôtez la pellicule de paraffine qui protège la poutargue. Coupez-la en tranches fines. Beurrez les toasts chauds et posez une lamelle de poutargue sur chaque toast.

CONSEIL
Dégustez les toasts à la poutargue avec un pastis.

QUAND LE SOLEIL BRÛLE

SALADE NIÇOISE

POUR 6 PERSONNES

15 MIN DE PRÉPARATION
10 MIN DE CUISSON

FACILE
COÛT €€

MATÉRIEL

Grand saladier en terre cuite

4 œufs • 500 g de fèves en cosse • 6 artichauts poivrade • 1 citron • 1 kg de tomates • 1 concombre Noa (ou concombre épineux) • 1 petit poivron vert à salade (corne de bœuf) • 10 radis roses • 6 cébettes (oignons nouveaux) • 1 gousse d'ail • 100 g d'olives niçoises non dénoyautées • 12 filets d'anchois • 6 branches de basilic • 4 cuil. à soupe d'huile d'olive • Sel, poivre du moulin

1 Faites cuire les œufs pendant 10 min à l'eau bouillante. Écalez-les. Écossez les fèves. Préparez les artichauts (voir pas à pas p. 14). Coupe-les en quatre et citronnez-les immédiatement pour éviter qu'ils noircissent.

2 Coupez les tomates en petits dés. Saupoudrez-les de sel pour qu'elles rendent du jus. Pelez le concombre 1 bande sur 2. Coupez-le en dés. Lavez le poivron et coupez-le en deux, ôtez les graines et hachez-le finement. Lavez et émincez finement les radis roses. Hachez finement les cébettes. Coupez les œufs durs en quatre.

3 Frottez le saladier avec la gousse d'ail afin qu'il parfume légèrement la salade. Déposez les tomates bien égouttées au fond du saladier, réservez leur jus. Recouvrez de tous les autres ingrédients et les olives en terminant par les œufs durs et les filets d'anchois. Mélangez l'huile d'olive et le jus rendu par les tomates, ajoutez le basilic haché et poivrez. Assaisonnez la salade niçoise de cette « vinaigrette » à la dernière minute et mélangez à table.

À SAVOIR

S'il vous reste de la salade, n'hésitez pas à l'utiliser pour en garnir un sandwich ! C'est certainement ainsi qu'est né le *pan bagnat*.

TOMATES À LA PROVENÇALE

POUR 4 PERSONNES

20 MIN DE PRÉPARATION
40 MIN À 1 H DE CUISSON
(SELON LES TOMATES)

UN PEU DIFFICILE
COÛT €

MATÉRIEL

Hachoir

8 belles tomates bien mûres • 1 cuil. à café de sucre • 2 gousses d'ail • 1 bouquet de persil • 4 cuil. à soupe de chapelure (facultatif) • Huile d'olive • Sel, poivre du moulin

1 Lavez et coupez les tomates en deux. Ôtez les graines. Faites chauffer 2 cuil. à soupe d'huile d'olive dans une grande poêle. Disposez les tomates côté chair dans la poêle, salez légèrement, ajoutez le sucre et faites cuire à feu doux pendant 20 à 30 min. Les tomates vont perdre du volume et rendre beaucoup de jus, qui va s'évaporer : surveillez-les attentivement pour qu'elles compotent sans brûler.

2 À l'aide de 2 cuillères à soupe, retournez très délicatement les tomates. Continuez la cuisson pendant encore 20 min (cela peut aller jusqu'à 30 min) : il ne doit plus rester de jus et les tomates doivent être confites.

3 Pelez l'ail. Hachez-le finement avec le persil. Ajoutez la chapelure à ce mélange si vous le souhaitez. Saupoudrez les tomates de cette persillade et servez.

À SAVOIR

Réussir de vraies tomates à la provençale est un art difficile, qui nécessite une surveillance de tous les instants ! Le temps de cuisson varie selon la taille et le degré de maturité des tomates. Si vous voulez les réussir à coup sûr, utilisez 2 poêles de taille moyenne au début, puis placez tout dans la même lorsque vous les retournerez délicatement. Vous pouvez aussi démarrer la cuisson dans une poêle pendant environ 30 min avant de les placer dans un plat à gratin, de les saupoudrer de persillade et de les laisser encore confire 30 min supplémentaires à 180 °C (th. 6).

CRESPEOU

POUR 6 PERSONNES

30 MIN DE PRÉPARATION
30 MIN DE CUISSON
1 NUIT DE REPOS

FACILE
COÛT €

MATÉRIEL

Saladier ou plat rond en Pyrex
Poêle du même diamètre que le saladier

4 oignons nouveaux • 2 grosses tomates bien mûres • 2 poignées d'épinards frais ou de vert de blettes • 1 bouquet de fines herbes (persil, ciboulette) • 2 gousses d'ail • Une douzaine d'olives noires et vertes mélangées et dénoyautées • 10 œufs (bio ou issus de poules élevées en plein air) • 5 cuil. à soupe de lait • Huile d'olive • Sel, poivre du moulin

1 Pelez et émincez finement les oignons nouveaux. Épépinez les tomates et coupez-les en morceaux. Émincez finement au couteau les épinards ou les blettes. Hachez séparément les fines herbes, l'ail et les olives.

2 Faites chauffer 1 cuil. à soupe d'huile d'olive dans une poêle. Faites-y blondir les oignons nouveaux, réservez. Faites cuire rapidement les épinards ou les blettes avec 1 pincée de sel, réservez. Faites compoter les tomates avec un peu de sel et de poivre, jusqu'à l'obtention d'une purée épaisse. Réservez.

3 Battez deux œufs en omelette avec 1 cuil. à soupe de lait, un peu de sel et de poivre. Ajoutez les oignons et faites cuire en omelette dans un peu d'huile d'olive 2 min du premier côté et 1 min de l'autre : elle doit être un peu baveuse. Placez-la dans le saladier. Battez deux œufs avec 1 cuil. à soupe de lait, un peu de sel et de poivre. Ajoutez les épinards, mélangez et faites cuire en omelette baveuse. Posez cette omelette sur celle aux oignons. Recommencez de même avec les olives, puis avec les tomates, et enfin avec l'ail et les fines herbes, de façon à obtenir 5 omelettes différentes empilées dans le saladier.

VARIANTES

Faites évoluer les parfums du crespeou en fonction du marché : une fois qu'on a compris le principe, on peut faire des *crespeou* à (presque) tout. Poivrons confits, olives, carottes, courgettes... tous les légumes peuvent s'y glisser ! Le seul principe à respecter : la variété des couleurs...

4 Tassez les omelettes dans le saladier en posant une assiette sur le dessus et en la couvrant d'un poids (une boîte de conserve ou une brique de lait, par exemple). Placez-le au réfrigérateur toute la nuit. Démoulez le *crespeou* et coupez-le en parts.

RATATOUILLE

POUR 4 À 6 PERSONNES

30 MIN DE PRÉPARATION
1 H 30 DE CUISSON

FACILE
COÛT €

MATÉRIEL

Cocotte

2 courgettes (500 g) • 1 grosse aubergine (300 g) • 2 poivrons (1 rouge et 1 vert) • 6 tomates bien mûres ou 50 cl de coulis de tomates • 1 gros oignon • 2 gousses d'ail • 2 branches de thym • 1 feuille de laurier séché • 1 morceau de sucre (soit 1 cuil. à café) • 1 cuil. à café de sel • Huile d'olive • Poivre du moulin

1 Lavez les courgettes et l'aubergine, coupez leurs extrémités et coupez-les en dés de 1 cm sans les peler. Lavez les poivrons, coupez leur pédoncule, ôtez les graines et les membranes blanches et coupez-les en dés de 1 cm. Ôtez le pédoncule des tomates, coupez-les en deux, ôtez les graines et recoupez les tomates en gros morceaux. Pelez l'oignon, hachez-le finement.

2 Faites chauffer 2 cuil. à soupe d'huile d'olive et faites-y blondir l'oignon. Ajoutez les aubergines et les poivrons, faites-les dorer 7 min. Ajoutez alors les courgettes, les tomates, les gousses d'ail en chemise, le thym, le laurier et le sucre. Salez, couvrez et laissez mijoter à feu très doux pendant 1 h en remuant fréquemment.

3 Au bout de ce temps, goûtez pour rectifier l'assaisonnement si nécessaire. Les légumes ayant alors rendu plus ou moins de jus, laissez le jus de cuisson s'évaporer en poursuivant la cuisson à découvert le temps nécessaire (en général, environ 30 min). Servez chaud, tiède ou froid.

À SAVOIR
La ratatouille est encore meilleure réchauffée. Elle peut même se congeler. Une fois tous les légumes rissolés, vous pouvez également glisser votre cocotte couverte dans un four préchauffé à 180 °C (th. 6) pendant 1 h. Finissez la cuisson à découvert à feu doux si les légumes rendent trop d'eau.

BOHÉMIENNE

POUR 6 PERSONNES

20 MIN DE PRÉPARATION
1 H DE REPOS
45 MIN DE CUISSON

FACILE
COÛT €

MATÉRIEL

Passoire
Saladier
Torchon
Écumoire
Papier absorbant

1,5 kg d'aubergines • Gros sel • 1,2 kg de tomates bien mûres (ou 1 l de coulis de tomates tout prêt) • 3 gousses d'ail • 1 feuille de laurier séché • 1 morceau de sucre (soit 1 cuil. à café) • Sel • Huile d'olive

1 Lavez les aubergines, coupez leurs extrémités et coupez-les en dés d'environ 1 cm sans les peler. Placez-les dans une passoire posée sur un saladier, saupoudrez-les de 1 cuil. à soupe de gros sel et laissez-les rendre leur eau pendant 1 h.

2 Pendant ce temps, préparez le coulis de tomates. Ôtez le pédoncule des tomates, coupez-les en deux, ôtez les graines et recoupez les tomates en gros morceaux. Faites-les revenir avec 1 cuil. à soupe d'huile d'olive, les gousses d'ail en chemise, le laurier et le sucre. Salez et laissez mijoter pendant 30 min, jusqu'à ce que la sauce tomate soit bien épaisse.

3 Pressez les aubergines entre vos mains pour bien retirer toute l'eau. Séchez-les dans un torchon. Faites chauffer 5 cuil. à soupe d'huile d'olive et faites-y rissoler les aubergines. Faites cuire 15 min ou plus, jusqu'à ce qu'elles soient tendres et bien dorées. Égouttez-les avec une écumoire et placez-les sur du papier absorbant.

4 Mélangez coulis de tomates et aubergines frites. Goûtez et rectifiez en sel si nécessaire. Servez chaud, tiède ou froid.

À SAVOIR

On prépare aussi la bohémienne en gratin. Une fois les aubergines et les tomates mélangées, saupoudrez-les de 1 cuil. à soupe de farine. Ajoutez 40 cl de lait et mélangez jusqu'à obtenir une sauce épaisse. Saupoudrez de fromage râpé, faites gratiner au four et servez.

TIAN ESTIVAL

POUR 6 PERSONNES

20 MIN DE PRÉPARATION
2 H DE CUISSON

FACILE
COÛT €

MATÉRIEL

Tian (plat à gratin)
Écumoire

1 kg d'aubergines • 1 kg de tomates bien mûres • 4 gros oignons paille • 1 gousse d'ail • Thym ou sarriette • Huile d'olive • Sel, poivre du moulin

1 Lavez les aubergines, coupez leurs extrémités et coupez-les en tranches d'environ 5 à 7 mm d'épaisseur. Ôtez le pédoncule des tomates et coupez-les en tranches de la même épaisseur. Faites de même avec les oignons pelés. Pelez la gousse d'ail.

2 Préchauffez le four à 150 °C (th. 5). Frottez le tian avec la gousse d'ail en l'écrasant afin de le parfumer au maximum. Placez les tranches d'aubergine, de tomate et d'oignon en les intercalant et en les mettant debout, bien serrées les unes contre les autres. Assaisonnez de sel et de poivre. Saupoudrez de thym ou de sarriette et assaisonnez d'un bon filet d'huile d'olive.

3 Enfournez et laissez cuire 45 min. Sortez le plat du four et appuyez légèrement avec une écumoire pour faire sortir le jus des légumes afin qu'ils baignent dedans. Remettez au four pendant encore 1 h à 1 h 15, jusqu'à ce que les légumes soient fondants. Servez chaud, tiède ou froid.

VARIANTE

Certains saupoudrent le tian de chapelure ou de fromage râpé 15 min avant la fin de la cuisson. À vous de voir ce que vous préférez (pour moi, c'est nature !).

PAPETON D'AUBERGINES

POUR 6 PERSONNES

15 MIN DE PRÉPARATION
1 NUIT DE REPOS
1 H 30 DE CUISSON

FACILE
COÛT €

MATÉRIEL

Sauteuse
Mixeur
Moule à cake
Tian (plat à gratin)

1 kg d'aubergines • 1 oignon • 4 gousses d'ail • 1 feuille de laurier séché • Thym • Huile d'olive • 6 œufs (bio ou issus de poules élevées en plein air) • 5 cl de lait • 20 cl de coulis de tomates • Sel, poivre du moulin

1 Lavez les aubergines, ôtez leurs pédoncules. Coupez-les en dés d'environ 1 cm. Pelez et hachez finement l'oignon. Pelez les gousses d'ail.

2 Faites chauffer 2 cuil. à soupe d'huile dans une sauteuse. Faites-y dorer les aubergines, l'oignon et les gousses d'ail entières. Lorsque tout est bien doré, ajoutez le laurier, du thym, salez et poivrez. Baissez le feu, couvrez et laissez mijoter 30 min, jusqu'à ce que les aubergines soient bien tendres.

3 Préchauffez le four à 180 °C (th. 6). Ôtez les herbes et mixez les légumes jusqu'à l'obtention d'une purée fine. Ajoutez les œufs, le lait, salez légèrement et poivrez. Versez dans le moule à cake huilé. Pour une présentation plus raffinée, chemisez le moule de tranches d'aubergines préfrites. Placez dans le plat à gratin rempli d'eau chaude, enfournez et laissez cuire pendant 1 h.

4 Laissez refroidir, puis placez au réfrigérateur toute la nuit. Démoulez, coupez en tranches et servez avec le coulis de tomates.

CONSEIL

Si vous en avez le temps ou l'envie, vous pouvez préparer vous-même le coulis de tomates, ce sera encore plus savoureux (voir p. 122, en divisant les proportions par 2).

PETITS FARCIS

POUR 6 À 8 PERSONNES

30 MIN DE PRÉPARATION
1 H 40 DE CUISSON
30 MIN DE REPOS

UN PEU DIFFICILE
COÛT €

MATÉRIEL

Torchon
Papier absorbant
Cocotte
Papier d'aluminium

100 g de pain rassis • 10 cl de lait • 2 gousses d'ail • 1 bouquet de persil • 60 g de poitrine de porc fumé (petit salé) • 500 g de viande hachée (restes de pot-au-feu, de rôti, de daube, bœuf, agneau ou porc, seul ou mélangé) • 2 branches de thym • 2 gros œufs (bio ou issus de poules élevées en plein air) • 4 tomates • 4 oignons de taille moyenne (rouges de préférence) • 4 petites courgettes rondes • 2 aubergines • 4 poivrons verts ou rouges • Huile d'olive • Sel, poivre du moulin

1 Préparez la farce. Faites tremper le pain dans le lait, puis essorez-le. Pelez l'ail, hachez-le avec le persil. Hachez la poitrine de porc. Mélangez la viande hachée, la poitrine de porc, le pain, l'ail, le persil, le thym et les œufs. Poivrez et mélangez.

2 Préchauffez le four à 180 °C (th. 6). Coupez le chapeau des tomates, creusez-les à l'aide d'une cuillère. Salez l'intérieur et retournez-les sur un torchon propre pour leur faire rendre un peu d'eau. Pelez les oignons, coupez un chapeau et creusez-les à l'aide d'une cuillère crantée. Hachez la chair ainsi prélevée. Lavez les courgettes, coupez un chapeau, creusez-les à l'aide d'une cuillère et hachez la chair. Lavez les aubergines, coupez leur pédoncule et creusez-les à l'aide d'une cuillère. Hachez la chair prélevée. Lavez les poivrons, coupez un chapeau et ôtez leurs graines et leurs pédoncules. Faites sauter dans 1 cuil. à soupe d'huile d'olive les chairs ainsi récupérées des tomates, oignons, aubergines et courgettes. Elles doivent blondir et rendre leur eau : comptez 10 min de cuisson.

3 Ajoutez les légumes cuits à la farce, mélangez bien. Égouttez les tomates et séchez bien l'intérieur à l'aide de papier absorbant. Farcissez les légumes en tassant bien la farce. Posez les chapeaux des courgettes et des tomates à l'envers sur les légumes, pédoncule posé sur la farce, pour qu'ils conservent leur forme durant la cuisson. Disposez les légumes farcis dans un plat allant au four et versez 1 verre d'eau au fond du plat.

4 Enfournez pour 1 h 30 de cuisson, en couvrant si nécessaire d'une feuille de papier d'aluminium. Laissez tiédir 30 min dans le four éteint avant de servir. Les farcis sont encore meilleurs réchauffés, c'est pour cela qu'on en prépare toujours beaucoup !

CONSEILS

- On peut bien évidemment choisir de farcir uniquement un type de légume, mais c'est la variété qui fait le plaisir dans ce plat. À défaut de courgette ronde, utilisez des courgettes longues que vous couperez en tronçons de 6 cm de long et creuserez verticalement.
- Si nécessaire, complétez les restes de viande avec un peu de chair à saucisse.

FRICOT D'ARTICHAUTS
AUX POMMES DE TERRE

POUR 4 PERSONNES

30 MIN DE PRÉPARATION
30 MIN DE CUISSON

UN PEU DIFFICILE
COÛT €

MATÉRIEL

Petite cocotte en fonte

800 g de pommes de terre nouvelles • 2 carottes • 1 oignon nouveau • 12 petits artichauts poivrade • 1 citron • 100 g de poitrine de porc fumé (petit salé) • 1 gousse d'ail • 2 branches de thym • 1 feuille de laurier séché • Huile d'olive • Sel, poivre du moulin

1 Brossez soigneusement les pommes de terre. Épluchez les carottes et l'oignon. Coupez-les en fines rondelles. Préparez les artichauts (voir pas à pas p. 14 jusqu'au point n° 3). Plongez-les au fur et à mesure dans de l'eau citronnée pour éviter qu'ils noircissent. Si nécessaire, retirez quelques feuilles du centre et vérifiez l'absence de foin dans le cœur de l'artichaut : au besoin, coupez le cœur d'artichaut en deux pour pouvoir le retirer.

2 Faites chauffer 1 cuil. à soupe d'huile d'olive dans la cocotte et faites-y blondir l'oignon, les carottes et la poitrine de porc, coupée en petits lardons. Rangez-y les artichauts, fond tourné vers le bas, puis ajoutez les pommes de terre. Versez 20 cl d'eau, salez, poivrez, ajoutez la gousse d'ail en chemise, le thym et le laurier.

3 Portez à ébullition, puis couvrez et laissez mijoter à feu doux pendant 20 à 30 min, en ajoutant un peu d'eau si nécessaire. Vérifiez la cuisson des artichauts et des pommes de terre en les piquant à l'aide d'un couteau. Goûtez, assaisonnez au besoin et servez.

VARIANTE

On ajoute parfois une poignée de petits pois, de févettes ou de haricots plats. Veillez dans ce cas à les ajouter 10 min seulement avant la fin de la cuisson, pour éviter qu'ils ne soient trop cuits.

BEIGNETS DE FLEURS DE COURGETTES

POUR 4 PERSONNES

15 MIN DE PRÉPARATION
4 MIN DE CUISSON PAR POÊLÉE DE 3 BEIGNETS

FACILE
COÛT €€

MATÉRIEL

Fouet
Batteur électrique
Grande casserole ou friteuse
Papier absorbant

20 fleurs de courgettes environ • 80 g de farine • 1 gros œuf (bio ou issu de poule élevée en plein air) • 10 cl de lait • Huile pour friture • Sel, poivre du moulin

1 Séparez les fleurs des courgettes. Si elles sont très grosses, coupez-les en deux dans le sens de la longueur. Sinon, entrouvrez délicatement les fleurs par le haut et secouez-les pour faire tomber toute impureté (poussière mais aussi... fourmi, voire abeille !).

2 Versez la farine dans un petit saladier, avec 2 pincées de sel et quelques tours de moulin à poivre. Mélangez. Séparez le jaune du blanc d'œuf. Ajoutez le jaune à la farine, puis versez un peu de lait. Fouettez en ajoutant peu à peu le lait en filet, jusqu'à l'obtention d'une pâte lisse. Battez le blanc en neige avec une pincée de sel. Ajoutez-le délicatement à la pâte.

3 Préchauffez le four à 100 °C (th. 3-4). Faites chauffer l'huile de friture. Plongez une fleur de courgette tête en bas dans la pâte à frire, et laissez s'égoutter quelques instants le surplus de pâte. Plongez-la dans la friture. Recommencez pour 2 autres fleurs et laissez-les dorer 1 à 2 min de chaque côté. Égouttez les beignets sur du papier absorbant et placez-les dans un plat. Glissez-les au four pour les garder chauds le temps de faire cuire tous les beignets. Servez chaud, avec un coulis de tomates.

À SAVOIR
On peut préparer de la même façon des fleurs de courge, mais le goût sera un peu moins délicat.

CHICHIS FREGIS

POUR 6 PERSONNES

20 MIN DE PRÉPARATION
15 MIN DE REPOS
30 MIN DE CUISSON

FACILE
COÛT €

MATÉRIEL

Batteur électrique
Poêle profonde
ou friteuse
Poche à douille
Papier absorbant

25 cl de lait • 500 g de farine • 6 œufs (bio ou issus de poules élevées en plein air) • 2 cuil. à soupe d'eau de fleur d'oranger • 1 citron bio ou non traité • Sucre en poudre • Huile pour friture • Sel

1 Faites tiédir le lait. Versez la farine dans un grand saladier. Creusez un puits et placez-y les jaunes d'œufs, le lait tiède, l'eau de fleur d'oranger et le zeste du citron finement râpé. Mélangez pour incorporer progressivement la farine, jusqu'à l'obtention d'une pâte épaisse.

2 Battez les blancs en neige avec 1 pincée de sel. Ajoutez la moitié des blancs à la pâte et mélangez sans précaution, pour l'alléger. Ajoutez le reste en soulevant délicatement le mélange pour ne pas briser les blancs. Laissez reposer la pâte pendant 15 min.

3 Faites chauffer de l'huile de friture dans la poêle. Remplissez de pâte la poche à pâtisserie non munie d'une douille. Pressez la poche au centre de la poêle et formez un serpentin de pâte. Laissez cuire 2 min, puis retournez le serpentin et laissez dorer encore 1 à 2 min.

4 Égouttez sur du papier absorbant. Roulez dans le sucre en poudre. Recommencez jusqu'à épuisement de la pâte.

À SAVOIR

Il reste deux kiosques à chichis à l'Estaque, quartier de Marseille, au bord de l'eau. Leur recette est top secrète, on sait seulement qu'elle contient un peu de farine de pois chiches. La queue qui s'étend devant les kiosques est la meilleure des publicités !

CONFITURE DE PASTÈQUE

POUR 8 POTS

30 MIN DE PRÉPARATION
12 H DE REPOS
3 H DE CUISSON

FACILE
COÛT €

MATÉRIEL

Couteau d'office
Balance de cuisine
Saladier
Bassine à confitures
Thermomètre de cuisson
Pots à confitures

1 pastèque à confiture d'environ 4 kg • Sucre (selon le poids de la chair de pastèque recueillie) • 2 citrons bio ou non traités • 1 orange bio ou non traitée • 1 gousse de vanille

1 Coupez la pastèque en tranches. Ôtez l'écorce et coupez la chair en petits cubes. Lavez et séchez les agrumes. Coupez-les en tranches fines, avec leur écorce.

2 Pesez la chair de la pastèque. Pesez le sucre nécessaire à la réalisation de la confiture : comptez 700 g de sucre pour 1 kg de chair. Mélangez dans un grand saladier la pastèque, le sucre, les rondelles d'agrumes et la gousse de vanille coupée en petits morceaux. Couvrez et laissez macérer à température ambiante pendant au minimum 12 h. La pastèque va rendre de l'eau et baigner dans son propre sirop.

3 Versez le tout dans une bassine à confitures et portez à ébullition. Faites cuire jusqu'à ce que la pastèque devienne translucide. Il faut que la préparation atteigne 105 °C, ce qui peut prendre de 2 à 4 h. Tout dépend de la teneur en eau de la pastèque, qui varie beaucoup. Écumez.

4 Remplissez les pots et refermez-les. Retournez-les jusqu'à complet refroidissement.

ASTUCE
Vous pouvez vérifier la consistance de votre confiture en en versant 1 cuil. à café sur une assiette froide. Lorsqu'elle fige tout de suite, elle est prête !

CONFITURE DE FIGUES

POUR 4 POTS

15 MIN DE PRÉPARATION
1 H + 1 NUIT DE REPOS
20 MIN DE CUISSON

FACILE
COÛT €

MATÉRIEL

Torchon
Bassine à confitures
Thermomètre de cuisson
Pots à confitures

1 kg de figues noires (bourjasottes, par exemple) • 800 g de sucre • Le jus de 1 citron

1 Lavez les figues et essuyez-les dans un torchon. Retirez les queues, puis coupez les fruits en lamelles assez fines. Saupoudrez du sucre, arrosez du jus de citron, mélangez et laissez mariner pendant 1 h.

2 Versez le tout dans une bassine à confitures et portez à ébullition. Reversez dans un saladier, couvrez et placez au réfrigérateur toute une nuit.

3 Le lendemain, stérilisez les pots à confitures et les couvercles. Versez dans la bassine à confitures les fruits et le sirop qu'ils ont rendu. Portez à ébullition à feu vif et faites cuire pendant 10 min en mélangeant régulièrement. Au bout de ce temps, l'écume tend à disparaître et les bulles à la surface de la confiture sont plus petites : le thermomètre de cuisson indique 105 °C. Écumez.

4 Remplissez les pots et refermez-les. Retournez-les jusqu'à complet refroidissement.

A SAVOIR
La confiture de figues est la complice idéale du chèvre frais, mais aussi de la pompe à huile.
Fromage ou dessert, elle aime les deux !

Miel de Provence

DESSERTS DE FÊTE

GÂTEAU DES ROIS

POUR 6 PERSONNES

30 MIN DE PRÉPARATION
2 H 15 DE REPOS
40 MIN DE CUISSON

UN PEU DIFFICILE
COÛT €

MATÉRIEL

Saladier
Robot ménager (facultatif)
Torchon
Rouleau à pâtisserie
Papier sulfurisé
1 fève et 1 sujet en porcelaine

15 g de levure de boulanger fraîche (ou 1 sachet de levure de boulanger sèche) • 300 g de farine • 50 g de sucre • 1 cuil. à café de sel • 2 cuil. à soupe d'eau de fleur d'oranger • Le zeste de ½ citron ou de ½ orange bio ou non traités • 1 œuf (bio ou issu de poule élevée en plein air) • 60 g de beurre mou **POUR LA DÉCORATION :** 1 œuf • Sucre casson (sucre en gros grains) • Angélique confite • Cerises confites

1 Délayez la levure dans 10 cl d'eau tiède. Dans un saladier, mélangez la farine, le sucre, le sel, l'eau de fleur d'oranger, le zeste de citron ou d'orange. Ajoutez-y la levure et l'œuf battu, puis pétrissez pendant 10 min, jusqu'à l'obtention d'une pâte lisse. Vous pouvez utiliser un robot.

2 Sans cesser de pétrir, incorporez le beurre mou morceau par morceau. Recouvrez d'un torchon et laissez lever pendant 1 h 30 dans un endroit tiède, à l'abri des courants d'air.

3 Dégazez la pâte en y enfonçant le poing. Étalez-la en un grand rectangle, placez-y la fève et le sujet, puis roulez-la afin d'obtenir un serpentin de pâte. Faites se rejoindre les extrémités pour former une couronne. Placez la couronne sur la plaque du four recouverte de papier sulfurisé, couvrez d'un torchon et laissez lever pendant 45 min dans un endroit tiède.

4 Préchauffez le four à 180 °C (th. 6). Badigeonnez la couronne d'œuf battu. Saupoudrez-la de sucre casson et enfournez-la pendant 30 à 40 min. Décorez de fruits confits.

ASTUCE
Certains préfèrent badigeonner la couronne d'un peu de confiture d'abricot après cuisson, pour que le sucre casson et les fruits confits y adhèrent facilement.

NAVETTES

POUR 15 NAVETTES (ENVIRON)

15 MIN DE PRÉPARATION
1 H DE REPOS
15 MIN DE CUISSON

FACILE
COÛT €

MATÉRIEL

Fouet
Film alimentaire
Papier sulfurisé

50 g de beurre • 80 g de sucre • 1 œuf battu avec 3 cl de lait • 1 cuil. à soupe d'eau de fleur d'oranger • 250 g de farine • 1 pincée de sel • Le zeste de ½ citron bio ou non traité

1 Fouettez le beurre avec le sucre, jusqu'à l'obtention d'un mélange crémeux. Ajoutez l'œuf battu et l'eau de fleur d'oranger sans cesser de fouetter, puis versez la farine, le sel et le zeste de citron finement râpé. Pétrissez jusqu'à obtenir une boule de pâte. Recouvrez-la de film alimentaire et placez-la pendant 1 h au réfrigérateur.

2 Préchauffez le four à 180 °C (th. 6). Divisez la pâte en petites parts de 20 g. Roulez chaque part entre vos mains pour obtenir des bâtonnets effilés d'environ 8 cm de long sur 1 cm de large. À l'aide d'un couteau bien aiguisé, fendez-les en leur milieu, en vous arrêtant 1 cm avant chaque extrémité. Écartez légèrement la fente pour donner sa forme caractéristique à la navette.

3 Enfournez pour 15 min sur la plaque du four recouverte de papier sulfurisé : les navettes doivent être plutôt pâles et rester moelleuses, elles durciront en séchant.

À SAVOIR
Ces navettes se conserveront pendant 2 semaines dans une boîte métallique fermée hermétiquement.

MATAFANS

POUR 4 PERSONNES

10 MIN DE PRÉPARATION
30 MIN DE REPOS
20 MIN DE CUISSON

FACILE
COÛT €

MATÉRIEL

Fouet
Saladier
Râpe
Blender (facultatif)
Torchon
Presse-agrumes
Poêle à crêpes

POUR LA PÂTE : 3 œufs (bio ou issus de poules élevées en plein air) • 50 cl de lait frais demi-écrémé • ½ cuil. à café de sel fin • 230 g de farine fluide (T45) • Le zeste de 1 citron bio ou non traité • 1 cuil. à café rase de bicarbonate de soude (soit 5 g) • 1 cuil. à soupe d'eau de fleur d'oranger • Huile d'olive **POUR LE SIROP :** 3 cuil. à soupe de miel liquide de Provence • Le jus du citron dont vous avez utilisé le zeste pour la pâte • 2 cuil. à café d'huile d'olive fruitée noire

1 Battez les œufs avec le lait, la fleur d'oranger et le sel dans un grand saladier. Mélangez la farine, le bicarbonate et le zeste de citron râpé. Ajoutez-les en pluie dans le mélange liquide en battant sans cesse (vous pouvez aussi réaliser cette pâte dans un blender). Couvrez d'un torchon et laissez reposer 30 min à température ambiante.

2 Faites chauffer à feu vif une poêle à crêpes en fonte frottée avec un peu d'huile d'olive. Faites cuire des cuillerées de pâte assez espacées afin d'obtenir de petites crêpes épaisses comme des blinis.

3 Préparez le sirop : faites chauffer dans une petite casserole le miel et le jus de citron. Hors du feu, ajoutez l'huile d'olive en fouettant afin de créer une émulsion.

4 Nappez les matafans de sirop et servez-les chaudes ou tièdes.

CONSEIL

En remplaçant le lait par du « lait » d'amandes, ces crêpes seront plus légères et prendront un subtil parfum.

OREILLETTES

POUR 6 PERSONNES

15 MIN DE PRÉPARATION +
30 MIN DE FAÇONNAGE
2 H DE REPOS
30 MIN DE CUISSON

UN PEU DIFFICILE
COÛT €

MATÉRIEL

Robot ménager (facultatif)
Film alimentaire
Laminoir (ou machine à pâtes)
Roulette à pâtisserie
Grande poêle à frire ou friteuse
Papier absorbant

250 g de farine • 50 g de sucre • 1 pincée de sel • 2 jaunes d'œufs (bio ou issus de poules élevées en plein air) • 40 g de beurre • 1 cuil. à soupe d'eau de fleur d'oranger • Huile de friture • Sucre glace ou sucre cristal

1 Mélangez la farine avec le sucre et le sel. Creusez un puits, ajoutez les jaunes d'œufs, le beurre fondu et l'eau de fleur d'oranger. Pétrissez et ajoutez peu à peu 5 cl d'eau en filet, jusqu'à l'obtention d'une pâte lisse (vous pouvez également utiliser un robot). Roulez la pâte en boule, enveloppez-la de film alimentaire et laissez-la reposer 2 h.

2 Coupez la pâte en 12 morceaux égaux. Étalez-les grossièrement sur un plan de travail fariné, puis passez-les au laminoir pour obtenir des bandes d'une épaisseur de 2 à 3 mm. Vous pouvez également utiliser un rouleau à pâtisserie, mais le travail sera plus difficile ! À l'aide d'une roulette à pâtisserie, découpez des bandelettes de 3 cm de large sur 15 cm de long. Fendez les morceaux en leur milieu, repliez une extrémité et passez-la dans cette fente, afin de former une sorte de boucle.

3 Faites chauffer l'huile de friture. Plongez 4 à 5 oreillettes à la fois dans le bain d'huile, faites-les dorer 1 min de chaque côté : attention, elles brûlent très vite ! Posez-les sur du papier absorbant et faites cuire de même le reste des oreillettes. Saupoudrez de sucre glace ou de sucre cristal.

VARIANTE

Certains ajoutent un zeste d'orange ou de citron râpé à la pâte.

TARTE TROPÉZIENNE

POUR 6 PERSONNES

1 H DE PRÉPARATION
2 H 45 DE REPOS
25 MIN DE CUISSON

UN PEU DIFFICILE
COÛT €

MATÉRIEL

Robot ménager
Torchon
Moule à tarte de 22 cm de diamètre
Mixeur
Couteau à pain

POUR LA PÂTE : 10 g de levure sèche de boulanger • 10 cl de lait tiède • 50 g de sucre + 1 pincée • 250 g de farine • ½ cuil. à café de sel • 1 œuf (bio ou issu de poule élevée en plein air) • 80 g de beurre mou • 1 blanc d'œuf (bio ou issu de poule élevée en plein air) • 2 cuil. à soupe de sucre casson (sucre en gros grains) **POUR LA CRÈME :** 3 feuilles de gélatine (soit 6 g) • 4 gros jaunes d'œufs (soit 80 g) • 50 g de sucre • 45 g de Maïzena • 25 cl de lait demi-écrémé • 20 cl de crème liquide entière • 1 gousse de vanille • 200 g de mascarpone • 3 cuil. à soupe d'eau de fleur d'oranger • 1 cuil. à soupe de rhum

1 Délayez la levure dans le lait avec une pincée de sucre. Patientez quelques instants jusqu'à ce que le mélange mousse. Mélangez la farine, le sucre et le sel. Creusez un puits et versez-y l'œuf et le mélange à la levure. Pétrissez (de préférence à l'aide d'un robot) pendant 5 min, puis ajoutez le beurre en morceaux. Pétrissez pendant une dizaine de minutes jusqu'à ce que la pâte se détache des bords du saladier. Couvrez d'un torchon légèrement humide et laissez lever environ 2 h, jusqu'à ce que la pâte double de volume.

2 Préchauffez le four à 180 °C (th. 6). Beurrez le moule à tarte. Étalez la pâte à l'aide de vos mains en une galette uniforme. Laissez-la de nouveau lever pendant 45 min. Badigeonnez-la de blanc d'œuf, saupoudrez-la de sucre casson. Enfournez pour 20 min. Laissez refroidir, puis démoulez et posez sur une grille.

3 Préparez la crème. Faites tremper la gélatine dans de l'eau froide. Fouettez les jaunes d'œufs, le sucre et la Maïzena. Portez à ébullition le lait, la crème et les graines contenues dans la gousse de vanille grattée Versez sur les jaunes en fouettant, puis reversez dans la casserole. Faites cuire quelques instants à feu doux jusqu'à ce que le mélange épaississe. Hors du feu, ajoutez la gélatine bien égouttée ainsi que le mascarpone, l'eau de fleur d'oranger et le rhum. Mixez la crème obtenue et placez-la au réfrigérateur.

4 Coupez la brioche en deux à l'aide d'un couteau-scie. Tartinez-la de crème et replacez le dessus de la brioche. Placez au réfrigérateur jusqu'au moment de déguster.

À SAVOIR

- Au moment de la mettre au réfrigérateur, recouvrez la crème d'un film alimentaire, en le mettant au contact avec elle, pour éviter la formation d'une croûte.
- La crème peut être préparée jusqu'à 2 jours à l'avance. Mieux vaut garnir la tropézienne 1 à 2 h à l'avance, pour que la brioche s'en imprègne légèrement.

POMPE À L'HUILE

POUR 6 PERSONNES

20 MIN DE PRÉPARATION
4 H 30 DE REPOS
20 MIN DE CUISSON

UN PEU DIFFICILE
COÛT €

MATÉRIEL

Torchon
Papier sulfurisé

8 cl d'eau tiède • ½ sachet de levure de boulanger déshydratée • 1 cuil. à café de miel • 250 g de farine • 40 g de sucre en poudre • 10 cl d'huile d'olive douce • 2 cuil. à soupe d'eau de fleur d'oranger • 1 cuil. à café de sel

1 Mélangez l'eau tiède, la levure de boulanger, le miel et 50 g de farine. Laissez reposer pendant 30 min jusqu'à ce que le mélange mousse.

2 Mélangez le restant de farine, le sucre et le sel. Creusez un puits, versez-y le mélange à la levure, l'eau de fleur d'oranger et l'huile d'olive. Pétrissez pendant une dizaine de minutes jusqu'à l'obtention d'une pâte lisse. Couvrez d'un torchon et laissez lever pendant 3 h dans un endroit chaud.

3 Dégazez la pâte et étalez-la sur un plan de travail fariné à l'aide de vos mains, en lui donnant une forme ovale de 1,5 cm d'épaisseur. Transférez-la sur une plaque chemisée de papier sulfurisé et pratiquez 5 entailles à l'aide d'un couteau bien aiguisé. Recouvrez d'un torchon, puis laissez lever encore 1 h.

4 Préchauffez le four à 180 °C (th. 6). Enfournez la pompe pour 15 à 20 min, jusqu'à ce qu'elle soit dorée. Servez et rompez-la à la main, jamais avec un couteau : on dit en Provence qu'on risque de manquer d'argent si on la coupe ainsi !

PÂTE DE COING

45 MIN DE PRÉPARATION

1 H 30 DE CUISSON
10 JOURS ET PLUS DE SÉCHAGE

UN PEU DIFFICILE
COÛT €

MATÉRIEL

Moulin à légumes
Cocotte

10 coings • Sucre en poudre (quantité selon le poids des coings)

1 Préparez les coins comme indiqué page 18 et passez les au moulin à légumes.

2 Pesez la pulpe. Selon le poids obtenu, pesez la quantité de sucre nécessaire : comptez 800 g de sucre par kilo. Versez la pulpe et le sucre dans une cocotte. Faites mijoter 30 min, en remuant régulièrement, jusqu'à ce que la pâte épaississe.

4 Versez dans un plat sur 3 cm d'épaisseur et laissez sécher 10 jours. Démoulez et laissez encore sécher quelques jours avant de découper la pâte en carrés et de la rouler dans du sucre semoule.

CALISSONS

POUR 30 CALISSONS ENVIRON

1 H DE PRÉPARATION
12 H DE REPOS
5 MIN DE CUISSON

DIFFICILE
COÛT €€€

MATÉRIEL

Mixeur
Papier sulfurisé
Rouleau à pâtisserie
Fouet
Emporte-pièce
à calisson

100 g de sucre en poudre • 4 cl d'eau • 40 g d'orange confite • 100 g de melon confit • 1 cuil. à soupe d'eau de fleur d'oranger • 1 goutte d'extrait d'amande amère • 200 g de poudre d'amandes • 1 cuil. à soupe de miel liquide • feuilles de papier azyme (papier hostie) **POUR LE GLAÇAGE :** 1 blanc d'œuf (bio ou issu de poule élevée en plein air) • Quelques gouttes de jus de citron • 150 g de sucre glace

1 Faites fondre le sucre dans l'eau en le portant à ébullition pendant une dizaine de minutes. Mixez l'orange et le melons confits coupés en petits morceaux avec l'eau de fleur d'oranger et l'extrait d'amande amère. Ajoutez la poudre d'amandes et le miel, continuez à mixer. Ajoutez le sirop de sucre en le versant en filet par la cheminée du mixeur. Mixez 2 à 3 min, jusqu'à l'obtention d'une pâte.

2 Disposez une feuille de papier sulfurisé sur un plateau ou sur une planche à découper. Versez la pâte de calisson par-dessus. Recouvrez d'une feuille de papier sulfurisé et étalez la pâte sur une épaisseur d'environ 1 cm à l'aide d'un rouleau à pâtisserie. Ôtez la feuille de papier sulfurisé, remplacez-la par une feuille de papier azyme et laissez la préparation sécher pendant 12 h ou toute une nuit.

3 Préchauffez le four à 120 °C (th. 4). Préparez le glaçage. Fouettez le blanc d'œuf avec le jus de citron. Ajoutez peu à peu le sucre glace. Coupez les calissons à l'aide de l'emporte-pièce en le trempant dans l'eau chaude et en l'essuyant après chaque découpe (voir p. 22-23 pour le tour de main). Vous pouvez aussi utiliser un couteau pointu pour découper le papier azyme tout autour de l'emporte-pièce avant de l'enfoncer dans la pâte.

4 Trempez le dessus des calissons un par un dans le glaçage et ôtez le surplus à l'aide de votre index, en lissant bien le dessus. Passez les calissons pendant 5 min au four pour les faire sécher. Laissez-les refroidir. Ils se conserveront au frais et au sec, dans une boîte hermétique, pendant 1 mois environ.

FRUITS SECS

Les plus symboliques des 13 desserts – les 4 mendiants comme on les surnomme – représentent chacun un ordre religieux. Les raisins secs sont le symbole des Dominicains, les figues des Franciscains, les amandes des Carmes, les noix ou les noisettes des Augustins. On leur ajoute souvent des dattes, car on raconte que le petit Jésus, en goûtant une datte, fut si ravi qu'il poussa un « oh ! » de contentement… « O » qui est resté marqué sur le noyau ! Petite habitude délicieuse : en fourrant une figue ou une datte d'une amande ou d'une noix, on peut déguster un « nougat du capucin » ou un « nougat du pauvre ».

FRUITS FRAIS

Les oranges ou les clémentines, les pommes et les poires figurent bien évidemment sur la table. En voie de disparition, on trouve aussi le melon de Noël, le « verdau », et le raisin blanc qui, dans le temps était cultivé dans le Var et conservé sur de la paille. Il était semi-séché, « passerillé » et délicieusement sucré. Sans oublier les grenades, seul fruit d'hiver encore sur les arbres sans feuille.

TABLE DES RECETTES

DANS LA MÊME COLLECTION

FAIT MAISON

Apéros
Apéros dînatoires
Barbecue et plancha
Biscuits et petits gâteaux
Bocaux, compotes et confitures
Chocolat
Classiques d'hier et aujourd'hui
Cocktails, jus et liqueurs
Cocottes et mijotés
Confitures, gelées et marmelades
Enfants : mon premier livre de cuisine
Étudiants
Fêtes maison
Foie gras et terrines
Fumaisons et salaisons
Gâteaux
Gâteaux de maman
Glaces, sorbets et granités
Gratins et tians
La petite crèmerie
Macarons & meringues
Pains & viennoiseries
Pasta
Pizzas, quiches et cakes
Poissons & fruits de mer
Recettes pour bébés (0-3 ans)
Sans cuisson
Sauces, chutneys et marinades
Soupes et veloutés
Tartes
Wok

FAIT MAISON D'AILLEURS

Amérique du Sud

Asie

Cuisine créole

Enfants : mon premier livre de cuisine, recettes du monde

Espagne

États-Unis

Grèce

Italie

Japon

Liban

Vietnam

FAIT MAISON BON & SAIN

Digestion facile

Graines, céréales et légumineuses

Pains et pâtisseries sans gluten

Sans lactose

Sans œufs

REMERCIEMENTS

Isabelle Brouant remercie :
Hema, Etin, Earth et Artisan pour Casa, Bloomingville, Casa, Monoprix, Nomar, Serax, Pomax, Zara Home, Pradel, Anita De Grelle pour Serax, Riess, Le Parfait
Merci à l'équipe Hachette et à la pétillante Aline.

BIBLIOGRAPHIE

La Cuisinière provençale, Jean-Baptiste Reboul, Tacussel, 1897-rééd. 2001.
Le Goût de la Provence de Paul Cézanne, Jean-Bernard Naudin, Gilles Plazy, Jacqueline Saulnier, Éditions du Chêne, 1995.
Méditerranées, cuisine de l'essentiel de Alain Ducasse, Hachette, 1996.
L'Inventaire du patrimoine culinaire de la France – Provence-Alpes-Côte d'Azur, Albin Michel / CNAC, 1995.
Le Cahier de recettes provençales, Michel Biehn, Flammarion, 2000.
Les Secrets de la cuisine provençale, Marius Morard, Parangon, 2001.
Le Grand Livre de la cuisine provençale, Guy Gedda, Marabout, 2007.
Trésors de la cuisine provençale, Robert Monetti, Edisud, 2010.
Reine Sammut à la Fenière de Lourmarin, Anne et Jean-Philippe Garabedian, Éditions du Chêne, 2011.

© 2018, Hachette Livre (Hachette Pratique).
58, rue Jean Bleuzen – 92178 Vanves Cedex

Tous droits de traduction, d'adaptation et de reproduction, totale ou partielle, pour quelque usage, par quelque moyen que ce soit, réservés pour tous pays.

Pour l'éditeur, le principe est d'utiliser des papiers composés de fibres naturelles, renouvelables, recyclables et fabriqués à partir de bois issus de forêts qui adoptent un système d'aménagement durable. En outre, l'éditeur attend de ses fournisseurs de papier qu'ils s'inscrivent dans une démarche de certification environnementale reconnue.

Direction : Catherine Saunier-Talec
Responsable éditoriale : Céline Le Lamer
Responsable de projet : Anne Vallet
Conception intérieure et couverture : Minsk-Studio
Réalisation intérieure : Les Paoistes
Fabrication : Amélie Latsch
Responsable partenariats : Sophie Morier (smorier@hachette-livre.fr)

Dépôt légal : mai 2018
64-1814-8/01
ISBN : 978-2-01-704273-0
Imprimé en Espagne par Cayfosa

Retrouvez-nous
sur Facebook :
facebook.com/hachette cuisine

PAPIER À BASE DE
FIBRES CERTIFIÉES

hachette PRATIQUE s'engage pour l'environnement en réduisant l'empreinte carbone de ses livres. Celle de cet exemplaire est de :
1,35 kg éq. CO_2
Rendez-vous sur www.hachette-durable.fr